Heidi Rauch & Dr. Wolfgang Eckart

Mut zum Miteinander!

Gemeinsam bauen, wohnen und leben

Wie machen wir uns gegenseitig das Leben leichter?

Wir haben zu großen Respekt vor dem,
Was menschlich über uns himmelt.
Wir sind zu feig oder sind zu bequem,
Zu schauen, was unter uns wimmelt.

Wir trauen zu wenig dem Nebenuns.
Wir träumen zu wenig im Wachen.
Und könnten so leicht das Leben uns
Einander leichter machen.

Joachim Ringelnatz (1883-1934)

Heidi Rauch & Dr. Wolfgang Eckart

Mut zum Miteinander!

Gemeinsam bauen, wohnen und leben

edition
rauch
zeichen

Inhalt

Vorwort der Autoren

Liebe Leserin und lieber Leser,

Menschen brauchen Menschen. Unbestritten, oder? Und doch werden die deutschen Gerichte mit Nachbarschaftsstreitigkeiten geradezu überflutet. Das reicht vom Verteidigen des Maschendrahtzauns bis hin zum Kettensägen-Angriff auf die nachbarschaftliche Garage. Krieg im Kleinen. Dass es auch anders geht, wollen wir hier zeigen. Frieden im Kleinen und Freude!

In diesem Buch porträtieren wir Gegenentwürfe zu den hierzulande üblichen Wohnformen, Alternativen zu Einfamilienhäusern und Etagenwohnungen. Angesichts von Wohnungsnot und Klimakrise geht es dabei auch darum, dass Wohnen für alle bezahlbar bleibt und klimaverträglicher wird.

Tatsächlich haben wir bei unseren Besuchen gemeinschaftlicher Wohnprojekte in Deutschland, Österreich und der Schweiz vorwiegend offene und zukunftsgewandte Menschen getroffen. Zufriedene, lebhafte und aktive Menschen. Das geht quer durch alle Altersstufen: im Kindesalter finden sich dort viele Spielkameraden – oft mehr noch als im Kindergarten oder in der Schule, soziales Verhalten wird früh trainiert; im Ausbildungs- und Berufsanfangsalter sorgen WG`s für gegenseitige Unterstützung und Lebensfreude; junge Eltern finden in einem Gemeinschaftshaus Entlastung; Singles entfliehen ihrer Einsamkeit; Paare und Familien genießen das Zusammensein mit Gleichgesinnten; Ältere übernehmen Aufgaben, werden gebraucht.

All das ist anders als „nur" in einem Verein oder in der eigenen Familie Gemeinschaft zu erfahren. Es öffnet Horizonte, erfordert mehr Neugier, Offenheit und Toleranz. Und es ist gesund! Vielleicht haben Sie schon mal von der „Nonnenstudie" gehört? 15 Jahre lang, von 1986 bis 2001, beobachtete David Snowdon, Epidemiologe an der Universität Kentucky, 678 katholische Nonnen des Ordens der „Armen Schulschwestern unser Lieben Frau", die zwischen 75 und 106 Jahre alt waren. Das Ergebnis: Kaum eine der Nonnen erkrankte an Demenz bzw. wenn sie die Krankheit in sich trugen, zeigten sie keine Symptome! Man folgerte, dass neben der geistigen Stimulanz im Ordensalltag auch psychische Faktoren wie Sinnerfüllung, Lebensfreude und die Einbindung in eine Gemeinschaft dafür eine Rolle spielen.

Wir wollen mit diesem Ratgeber Mut machen. Mut zur Veränderung, zum Andersleben, zum miteinander und nicht nebeneinander wohnen. Da sollte mehr möglich sein als nur das höfliche Grüßen oder die Begegnung beim Müllwegtragen. Gemeinsam Feste organisieren und feiern, gemeinsam kochen und essen, gemeinsam singen und (vor-)lesen, Flohmärkte, Tauschbörsen, Ausstellungen – auch offen für die weitere Nachbarschaft. Lebendige Wohnquartiere strahlen in die Umgebung aus.

Zudem ist das Wohnen in einem gemeinschaftlich gebauten Haus immer kostengünstiger und bedarfsorientierter. Ein Beispiel haben wir hautnah miterlebt, als eine gute Freundin nach mehr als zwanzig Jahren aus ihrer Schwabinger Altbauwohnung vertrieben wurde. Klassischer Fall: Erbengemeinschaft eines Jahrhundertwende-Hauses mit einem Dutzend langjähriger Mieter kann sich nicht einigen, verkauft an einen Bauträger, der renoviert und dann schicke Eigentumswohnungen daraus macht, die sich die Altmieter nicht leisten können. Die Freundin hat sich nicht abfinden lassen wollen und sich gewehrt. Umsonst. Sie musste in ein Appartement ziehen und war unglücklich. Dank ihrer Kontakte wohnt sie nun in einer Clusterwohnung in wagnisArt am Münchner Domagkpark, kann sich dort in der Gemeinschaftsküche entfalten, hat neue Freundinnen gefunden und weiß, dass sie hier beruhigt alt werden kann.

Wohnen ist ein Grundbedürfnis des Menschen und damit zentrale Daseinsvorsorge. Das Wohnen darf also nicht dem spekulativen Wohnungsmarkt und den Immobilienfonds überlassen werden, die ein Interesse daran haben, dass das Wohnen immer teurer wird. Wohnen darf keine Last sein, sollte vielmehr Schutz und Erholung bieten. Wohnen sollte vor allem auch erschwinglich bleiben. Wie

das gehen kann, zeigen wir in diesem Mutmach-Ratgeber an praktischen Beispielen, an gut funktionierenden Gemeinschaften, die etwas auf die Beine gestellt haben, das nachahmenswert ist. Das sind vor allem Bau-Genossenschaften, aber auch Eigentümergemeinschaften und Mietshäuser Syndikate.
Eine zentrale Frage ist zudem, wie wir unseren Wohnstil so verändern, dass er klimaverträglicher wird. Dabei geht es ums Bauen mit nachhaltigen, CO2-reduzierten Baustoffen, aber auch um eine generelle Begrenzung des Ressourcenverbrauchs. Etliche Beispiele zeigen, dass dabei auch spannende Architektur entstehen kann,
Ergänzt werden die Projekt-Porträts durch Fachbeiträge und Interviews von und mit Arichtektinnen und Architekten, Projektleiterinnen und Projektleitern und einer Wohnsoziologin. Letztere mit wissenschaftlichem Blick auch auf die Wohnbaupolitik.
Die Ermutigungssätze der Beteiligten machen Ihnen hoffentlich tatsächlich Mut zum Miteinander. Denn Gemeinschaft ist:

- bereichernd
- befriedigend
- belebend, lebendig
- spannend, anregend
- kommunikativ – und vieles mehr!

Gemeinschaft schützt vor Einsamkeit und Alleinsein.
Gemeinschaft bietet mehr Lebensqualität.
Gemeinschaft kann anstrengend sein, aber es lohnt sich!
In diesem Sinne wünschen wir Ihnen eine hoffentlich anregende Lektüre und freuen uns über Ihre Reaktionen.
Schreiben Sie uns an: miteinander-autoren@editionrauchzeichen.com

Herzlich
Heidi Rauch (HR) und Dr. Wolfgang Eckart (WE)
April 2024

Die beiden Autoren in einer Pause ihrer „Schreibklausur“ in den mittelitalienischen Marken, passend vor der „Cantina del Poeta“, einem Weinkeller in Campofilone.

I Baugemeinschaften im Porträt

StadtNatur-Haus München-Riem

Vom Einzelkind zum Mehrgenerationenhaus

Die Autorin, verheiratet, kinderlos, Ü60, wohnt im StadtNatur-Haus München-Riem

Ich bin glücklich. Glücklich, dass sich alles so gefügt hat. Denn nichts haben wir geplant oder schon immer so geträumt. Es hat sich ergeben in unserem Ü60-Leben – und es ist gut so!
Mein Mann Michael Konitzer und ich sind beide Einzelkinder und seit über 20 Jahren glücklich kinderlos verheiratet. Unsere Liebe füreinander haben wir schon Anfang der 80er Jahre entdeckt, als wir in München im selben Verlag gearbeitet haben. Aber es musste noch jeweils eine Ehe dazwischenkommen, bis wir „gereift" waren.

Nie hätten wir es uns träumen lassen, mal in einem ökologischen Mehrgenerationshaus mit 28 Kindern zu wohnen. Das Einzige, was wir uns Anfang 2000 überlegt haben, war, dass unsere engsten Freundespaare mit uns in ein Haus in München ziehen, um eine Art Alten-WG mit möglicher Betreuung zu bilden. Es kam anders: All diese Ehepaare haben sich inzwischen getrennt, aber immerhin wohnen zwei geschiedene Freundinnen aus dieser Zeit nun auch in unserem StadtNatur-Haus!

Es sollte eine stadtnahe, altersgerechte, kleinere Eigentumswohnung werden, möglichst in einem Holzhaus.

Gefunden habe ich unser Haus Anfang 2018 über eine Recherche nach einem Holzhaus. Wir hatten seit 1999 in einer Doppelhaushälfte in Erding gelebt und uns dort wohlgefühlt. Aber wir wohnten zur Miete, und nun waren Lebensversicherungen ausgezahlt worden und ich hatte geerbt. Meine liebe Mama, Witwe seit 2005, war im Sommer 2017 mit 89 Jahren verstorben. Sie hinterließ mir eine 1963 gekaufte Eigentumswohnung in Berlin, die ich Ende 2017 verkaufen konnte, und Erspartes. Wir suchten also eine Möglichkeit, das Geld zukunftsfähig anzulegen. Es sollte eine stadtnahe, altersgerechte, kleinere Eigentumswohnung werden, möglichst eben in einem Holzhaus. Die glückliche Fügung, wie ich unser noch zu bauendes StadtNatur-Haus gefunden habe, beschreibe ich in diesem Buch im Kapitel über die ArchitekturWerkstatt Vallentin.

Unsere Vision: ein Passivhaus Plus,
ein ökologisches Traumhaus
in Superlage mit netten Nachbarn.

Von Anfang an enthusiastisch dabei

Am 1. März 2018 traten wir gleich nach dem ersten Interessenten-Treffen der StadtNatur GbR bei. Wir unterschrieben den am 30. September 2017 aufgesetzten Gesellschaftsvertrag der Baugemeinschaft und leisteten die erforderliche Investitionseinlage von 10.000 Euro. Wir entschieden uns für eine 100qm-Wohnung im Erdgeschoss, Wohnung Nr. 5, mit Terrasse ohne Garten. Den hatten wir ja über 20 Jahre lang in Erding gehabt. Die Idee eines Gemeinschaftsgartens fanden wir deshalb von Anfang an sehr gut.

Meinen Mann Michael Konitzer, der in Münchens Osten, im Nachbarbezirk Berg-am-Laim aufgewachsen war, beflügelte die Aussicht auf eine Rückkehr in seine Heimatstadt München. Mich beschlich kurzzeitig das Gefühl, dass eine Verkleinerung unserer Wohn- und Arbeitsverhältnisse – ich hatte ja auch noch ein 30 qm großes Büro auf Schloss Aufhausen - um mehr als die Hälfte doch ganz schön viel Arbeit in Form des Ausmistens mit sich bringen würde. Aber ich war von Anfang an enthusiastisch dabei und brachte mich auch gleich als Journalistin und PR-Frau ein, d. h. ich aktivierte mein journalistisches Netzwerk, um unser Projekt bekannter zu machen.

Anfangs waren wir nämlich nur ein kleines Grüppchen Begeisterter. Einer unserer frühen Mitstreiter, Rainer, hatte auch schon angeregt, doch mal in den örtlichen Werbeblättern wie „Hallo" zu inserieren. Bislang war vorwiegend auf den Newsletter der Mitbauzentrale München gesetzt worden. Unsere Aktivitäten, eben Anzeigen und ein Interview in der Immobilienbeilage der Süddeutschen Zeitung, zeigten Wirkung. Jeden Mittwochabend kamen mehr Interessenten zu den Treffen im Münchner Büro der ArchitekturWerkstatt Vallentin. Rena Vallentin erläuterte unermüdlich anhand eines Modells, was wir wie und wann zu erwarten hätten: ein Passivhaus Plus, ein ökologisches Traumhaus in Superlage mit netten Nachbarn. Bis es so weit war, sollten fast drei Jahre ins Land gehen. Aber ihre und unsere Vision wurde Wirklichkeit!

75 Workshops und viele Büfetts führen zum Ziel

Bei unseren Baugemeinschaftstreffen bürgerte es sich bald ein, dass es viel zu essen gab. Tatsächlich haben wir bis heute eine ungebrochene Büfett-Kultur. Damals war das auch Nervennahrung und willkommenes Highlight bei den vielen Diskussionen, Abstimmungen und Beschlussfassungen. Ob abends oder samstags mittags: Jede Partei steuerte etwas bei, so dass wir uns über Rezepte-Austausch und gemeinsames Essen stetig besser kennen und schätzen lernten. Von 14 wuchsen wir bis zum Notartermin am 14. Juni 2018 auf 22 Parteien. Immer noch zu wenig, so dass alle 22 gemeinsam das finanzielle Risiko für das 35-Parteien-Haus tragen mussten. Manche junge Familie bekam Bauchschmerzen. Aber uns alle einte das Gefühl, dass wir in ein zukunftsfähiges Haus investieren.

2018 war unser Planungs- und Akquise-Jahr. Um die Gebäudehülle mussten wir uns nicht sorgen, die war fix. Aber bei unseren gewählten Wohnungen blieben uns doch einige Spielräume. Es gab Module und Extras. Man konnte etwa wählen, ob man den kleinen Eingangsflur mit einer Tür vom Wohnzimmer abtrennen oder ob man im Bad ein Lichtband haben wollte. Entscheiden mussten wir über sogenannte Schraubrechte, d. h. wo mussten Wände im Bad verstärkt werden,

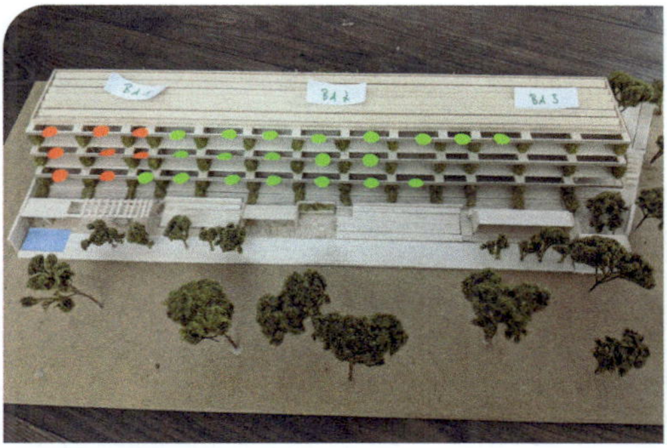

Das StadtNatur-Modell

Bauleiter Moritz Pascher

Der „Anfangskern“ am üppigen Büfett

Infostand beim Hoffest Gut Riem

Interessententreffen am Bauplatz

Notartermin in München

Zeitkapsel für den Grundstein

Gemeinsam den Grundstein legen

um später dort Duschwände zu befestigen. Wir lernten, was TGA heißt, nämlich Technische Gebäudeausrüstung. Uns wurde die geplante kontrollierte Be- und Entlüftungsanlage erläutert, die Frischwasser-Station etc.

Unsere Gemeinschaft erwies sich von Anfang an als extrem pragmatisch und tolerant.

Parallel dazu führten die Geschäftsführer sowohl bei klirrenden als auch bei heißen Temperaturen Interessenten über das Grundstück, das bis auf die Bautafel nur viele zerrupfte Sträucher und Bäume zierten. Danke an Anne, Daniel, Robert, Michael und all die anderen, die für unser Haus beispielsweise auch bei Kollegen an ihrem Arbeitsplatz warben. Einige näher Interessierte kamen auch zu unseren Treffen dazu und wurden neugierig beäugt. Da wir keine feste Ideologie verfolgten, waren wir für alle offen. Unsere Gemeinschaft erwies sich von Anfang an als extrem pragmatisch und tolerant. Bis zu unserem Einzug Ende 2020 sollten es 75 Bautreffen bzw. Workshops werden. Wir wussten das nicht – und das war gut so.

2019 Grundsteinlegung mit Steckbriefen und Richtfest mit Nikolaus

Richtig Schwung kam in die Akquise erst, als etwas zu sehen war: Am 17. Februar 2019 rodete die Freiwillige Feuerwehr Abteilung Riem im Rahmen einer Übung unser Grundstück, Altlasten wie dort vergrabene Reifen wurden entsorgt. Danach ging es los: Am 8. März kam der Bauzaun, am 13. März war die Baugrube zu sehen, am 18. März fotografierte ich die ersten Bagger, am 30. März die ersten Kräne. Im April kam die Eisenbewehrung auf den planierten Boden. Es ging voran!

Am 10. Mai feierten wir die Grundsteinlegung – feierlich im Regen mit einer im Boden versenkten Kassette, in die wir alle Steckbriefe der Wohnungseigentümer gelegt hatten. Diese Steckbriefe hatte ich gesammelt und in unser StadtNatur-Portal gestellt, so dass alle sich auch auf diesem Weg kennenlernen konnten.

Heidi Rauch am Bauzaun

Der Kellerboden

Die Kellermauern

Die Wände wachsen

„Holz vor der Hütt`n“

Richtfest mit Tannenbaum

Baubegehung

Zu Freibier und Brezen kamen auch einige Nachbarn der angrenzenden Einfamilienhäuser, die ihre zukünftigen Nachbarn kennenlernen wollten. Außerdem kamen einige Handwerker und als Vertreter der Stadt München der ein Grußwort sprechende Grünen-Stadtrat, Herbert Danner, zuständig für den Ortsverband Berg-am-Laim/Trudering/Riem.

Enormer Vorteil: Der Bauherr in Gestalt der vier Geschäftsführer verhandelte direkt mit den Gewerken.

Nun kamen die verschiedenen Gewerke auf die Baustelle. Die meisten hatten die Architekten empfohlen, weil sie mit ihnen gute Erfahrungen gemacht hatten. Andere empfahlen Mitstreiter unserer Baugemeinschaft. Die Ausschreibungen und Preisverhandlungen mit jeweils mehreren Anbietern lagen in den Händen der vier Geschäftsführer, die aus der Gemeinschaft gewählt worden waren und deren volles Vertrauen genossen. Der Bauherr verhandelte also direkt mit den Firmen. Ein enormer Vorteil, zumal Handwerksfirmen auch gern mit Baugemeinschaften arbeiten, weil sie wissen, dass ihr Geld bereits vorhanden, weil von der Bank, in diesem Fall der Umweltbank, abrufbar ist. Die engagierten Geschäftsführer mit ihren unterschiedlichen Temperamenten erzielten so häufig bessere Ergebnisse als jeder zwischengeschaltete Bauträger. Über den Stand der Dinge wurden wir jeweils transparent bei den Bautreffen informiert und fühlten uns immer „mitgenommen". Die ArchitekturWerkstatt Vallentin erwies sich zudem als ein flexibler Partner, der viele Ideen der Gewerke und aus der Gemeinschaft aufnahm.

Wöchentlich trafen sich nun die verschiedensten Mitstreiter auf der Baustelle und begutachteten den Baufortschritt „ihres" Hauses. Im Juni wurden die Kellermauern gebaut, im Juli sah man die Abfahrt in die Tiefgarage und die Mauern unserer Wohnung im Erdgeschoss. Im August konnte man dort, wo ich vor einem Jahr noch zwischen Gestrüpp und auf Ameisenstraßen stehend meinen Geburtstagsumtrunk veranstaltet hatte, den schmalen Gemeinschaftsgarten erkennen. Im

Die Nord-Ost-Seite

Die Südseite

Lüftungsrohre im EG

Montage der PV-Anlage

Pflanzmarkierungen im Westen

Bambus als Terrassentrennung

Skelett des Fahrradunterstands

September wurde das 1. Stockwerk hochgezogen, im Oktober fand die Anlieferung des Lärchenholzes für die Fassadengestaltung statt und der Holzaufbau begann; im November stand das 2. Stockwerk und wir konnten schon mal in unsere Wohnung laufen, die am 4. Dezember ihre Fenster bekam.

Unsere Gemeinschaft weiß zu feiern! Jeder packt mit an, bringt Ideen ein und hilft auch beim Aufräumen.

Am 6. Dezember dann Richtfest! Nikolaustag. Klar, dass wir mit den über 20 Kindern, die es damals schon gab – heute sind es insgesamt 28 – eine Nikolausbescherung veranstalten wollten. Wir zogen also statt eines Richtfest-Kranzes ein kleines geschmücktes Tannenbäumchen hoch, das wir auf dem Gelände ausgegraben hatten, es gab draußen einen Sektumtrunk und unser Holzbauer Josef Lackner trug ein launiges Gedicht vor. Dann ging es in den nur notdürftig beheizten Rohbau-Gemeinschaftsraum, wo der Nikolaus wartete. Michael hatte von Mitbewohner Volker das Nikolauskostüm geliehen bekommen, das er ab dann alljährlich am 6. Dezember anziehen sollte. Mitbewohnerin Gabi spielte Weihnachtslieder auf der Gitarre, wir sangen, aßen mitgebrachte Plätzchen und heiße Suppe, die an einer aus Holzpaletten gezimmerten „Bar" gereicht wurde. Hier spätestens zeigte sich: Unsere Gemeinschaft weiß zu feiern! Jeder packt mit an, bringt Ideen ein und hilft auch beim Aufräumen. Wir waren alle euphorisiert!

Trotz Corona 2020: Treffen und Eigenleistungen im Außenbereich

Im März 2020 kam Corona! Unsere persönlichen Treffen waren beendet. Nun hieß es: virtuelle Meetings via Zoom. Aber auf der Baustelle wurde weitergearbeitet. Gott sei Dank! Die Bauarbeiter waren froh, dass sie anders als Gastronomen, Friseurinnen und Kulturschaffende ihre Arbeit nicht ruhen lassen mussten – und wir waren ebenso froh, den Baufortschritt beobachten zu können, draußen auch ganz ohne Maske.

AG Gemeinschaft im Biergarten

Treffen im Freien

Tauchteich mit Sauna

Eigenleistung Fahrradunterstand

Eigenleistung Terrassen-Bau

Refuchairs für den Gemeinschaftsraum

Nikolaus beim Richtfest

Glücklicherweise hatten wir uns auf die Innenausstattung schon vor der Pandemie geeinigt. Diesen Prozess schildern wir heute noch immer wieder gern und ernten regelmäßig Staunen: Was, Ihr hattet nur drei Fliesenarten zur Auswahl? Was, nur drei Parkettvarianten? Und nur zwei Sanitärlinien? Ja, tatsächlich! Und man glaubt es kaum: Wir konnten gut damit leben! Natürlich gab es bei der Materialauswahl viel Redebedarf. Nicht jeder hatte die Phantasie, sich vorzustellen, ob die großformatigen hell- oder dunkelgrauen Fliesen oder doch lieber die weißen an den Badezimmerwänden bzw. am Boden besser wirken würden. Aber allen war bewusst: Je weniger Einzelwünsche es gab desto kostengünstiger wurde die Großmengen-Bestellung und umso kleiner die Fehleranfälligkeit beim Einbau. Extra-Wünsche wurden gegen Aufpreis trotzdem erfüllt, aber sie hielten sich sehr in Grenzen.

Je weniger Einzelwünsche es gab desto kostengünstiger wurde die Großmengen-Bestellung und umso kleiner die Fehleranfälligkeit beim Einbau.

Später, als wir einen Tag der offenen Nachbartür veranstalteten und in die fertigen anderen Wohnungen schauen durften, waren wir erstaunt, wie individuell dann doch alles wirkte. Mit Hilfe von diversen Wandfarben war eine große Vielfalt an Varianten entstanden. Und dann natürlich durch völlig unterschiedliche Küchen, ganz abgesehen von der Einrichtung.

Im Sommer gab es Corona-Lichtblicke: Wir trafen uns im Juni und August zu Workshops draußen vor dem immer mehr Gestalt annehmenden Haus im zukünftigen Garten. Eigenleistung war dann auch gefordert: Am Wochenende 5./6. August waren die Außenanlagen dran, d. h. die Terrassen vor den Erdgeschoss-Wohnungen wurden beplankt, ebenso der Fahrradunterstand. Die Akkuschrauber liefen heiß. Es erwies sich, dass viele Männer der Gemeinschaft handwerklich sehr begabt sind. Sie fanden sich später in der AG Werkstatt wieder, die u. a. den digital steuerbaren Hühnerstall für unsere Serama-Zwerghühner baute. Auch hier kümmert sich übrigens eine unserer vielen Arbeitsgemeinschaften: die AG Huhn.

> ***Es ist uns als Baugemeinschaft gelungen, zu beweisen, dass ökologisch und kostengünstig bauen ohne Bauträger besser möglich ist.***

Ich griff lieber zur Heckenschere und befreite unseren im Osten stehenden Ahornbaum vom Gestrüpp um ihn herum. Dieser haushoch gewachsene Ahorn war ein besonders teures Stück unserer Baustelle: Wir mussten ihn mit einem Zaun schützen und ihm eine eigene Böschung bauen, um seine Wurzeln zu schonen. Ein 40.000 Euro teures Vergnügen. Aber was tut man als ökologische Baugemeinschaft nicht alles für den Umweltschutz. Er wurde schließlich Namenspate für unseren Gemeinschaftsraum Ahorn31 in der Erdinger Straße 31 und für eines unserer drei Gäste-Appartements, den Ahornblick.

Rechtzeitige Baufertigstellung und Budget-Unterschreitung

Am 2. September war schließlich Baustellenabnahme mit dem Gutachter, und im September wurden sukzessive die Außenanlagen fertiggestellt. Der Bambus kam aus Ligurien und wurde von uns mit Hilfe des Landschaftsarchitekten und der Gartenbaufirma in Cortenstahltröge gesetzt, die unsere Wohnungen voneinander abtrennen. Eine wunderbare, immergrüne Lösung. Viel schöner als jede sonst so übliche Trennwand.

Kleiner Exkurs: Unsere sehr engagierte Geschäftsführung musste eine kuriose Auseinandersetzung mit dem Grundbuchamt München führen, weil die Behörde eine Bambus-Anpflanzung zunächst nicht als klare Trennung der Wohneinheiten anerkennen wollte!

Überhaupt macht unser Haus seinem Namen „StadtNatur" alle Ehre. Hier ist die AG Garten besonders zu erwähnen, die sich wunderbar um unseren Gemeinschaftsgarten kümmert, Kräuter und Gemüse ebenso angepflanzt hat wie

Blühendes. Sobald etwas erntereif ist, wird das in der Signal-Gruppe bekannt gegeben. Streit um die reifsten Früchte hat es noch nie gegeben. Dafür erleben die Kinder wie schön es ist, eigene Erdbeeren oder Zucchini vor der Haustür zu ernten. Jeweils im Frühjahr und Herbst gibt es ein Garten-Event, wo auch die anderen Bewohner mit anpacken – oder sich ums Mittagessen zur Stärkung aller Fleißigen kümmern.

Der sukzessive Einzug begann im September nach einem abgestimmten Plan, damit nicht zu viele Umzugswagen auf einmal die kleine Sackgasse blockieren. Wir splitteten unseren eigenen Umzug in zwei Etappen: Zuerst zog unser deckenhohes Bücherregal mit den von 2.000 auf 1.000 reduzierten Büchern um, danach kam der Kücheneinbau und am 2. Dezember dann auch wir als ziemlich letzte der Gemeinschaft. Tatsächlich war der Fertigstellungstermin des Hauses eingehalten und das Budget sogar geringfügig unterschritten worden. Welcher Bau kann das von sich behaupten?! Ein bisschen kam uns auch die monatelange, coronabedingte Mehrwertsteuer-Senkung von 19 auf 16 Prozent entgegen. Aber insgesamt halten wir es uns zugute, dass es uns als Baugemeinschaft gelungen ist, zu beweisen, dass ökologisch und kostengünstig bauen ohne Bauträger viel besser möglich ist.

Glücksgriffe: Küchen-Schnäppchen und Refuchairs für den Gemeinschaftsraum

2021 war wieder ein Corona-Jahr, das bekanntlich alle gemeinschaftlichen Aktivitäten ausgebremst hat. Unsere nun Wohn- statt Baugemeinschaft ließ sich trotzdem nicht entmutigen und veranstaltete Kochevents mit Abstand. Denn wir wollten unbedingt unsere schöne Küche einweihen. Es war ein wahrer Glücksfall als wir sie in einem Küchenstudio in Erding entdeckten. Dort hatten Michael und ich Ende 2018 unsere eigene Küche ausgesucht und sprachen mit der Fachberaterin über unser Projekt, d. h. dass vielleicht auch andere Mitbewohner bei ihr eine Küche bestellen würden und dass wir eine große Gemeinschaftsküche benötigten. Und siehe da: Das Küchenstudio zog Anfang 2019 innerhalb Erdings

Die hochwertige Gemeinschaftsküche

Grillvergnügen mit dem Big Green Egg

Büfett „Bowle und Bowl“

Unsere Serama-Zwerghühner

Eines von vielen Kochevents

Puppentheater beim Einweihungs-Sommerfest

2. Sommerfest mit Eis-Wagen

in ein anderes Gebäude um und wollte eine repräsentative Ausstellungsküche loswerden, die sie nicht mitnehmen konnten. Wir würden sie zu einem Drittel des Verkaufspreises bekommen. Kurzerhand machten wir Fotos und stellten sie beim nächsten Bau-Workshop der Gemeinschaft vor. Alle waren begeistert und für die sofortige Anschaffung, auch wenn das noch ein Jahr Lagerkosten bedeutete. Tatsächlich hat diese hochwertige Küche bislang sämtliche Kindergeburtstage, Hochzeiten und auch unsere Olivenölschul-Events prima überstanden und wird von allen sehr gepflegt.

Dank unserer multikulturellen Mitbewohnerschaft kamen wir in den Genuss von chinesischer, uigurischer, nepalesischer und persischer Küche.

Das Corona-Kochen für alle sah folgendermaßen aus: Einer war der Chefkoch, mein Mann Michael als begeisterter Hobby-Koch assistierte. Alle trugen sich online in eine Abhol-Liste ein und kamen dann mit eigenen Tellern und Schüsseln zur Abholung. So kamen wir dank unserer multikulturellen Mitbewohnerinnen und Mitbewohner in den Genuss von chinesischer, uigurischer, nepalesischer und persischer Küche. Außerdem gab`s von unserem Hessen Volker am Gründonnerstag die traditionelle grüne Soße mit Eiern, für die wir die sieben notwendigen Kräuter erst später aus dem eigenen Garten haben sollten. Michael und ich brachten aus unserer Zweitheimat, den mittelitalienischen Marken, Maccheroncini aus Campofilone und Tomatensaucen mit, und wir grillten das erste Mal mit unserem Big Green Egg, das wir der Gemeinschaft gespendet hatten.

Denn tatsächlich war unser Motto: Wir können so vieles aus unserem Mietshaus mit Garten nicht mehr brauchen, also spenden wir es für alle. So auch unseren großen Wirtshaustisch mit Stühlen und Lampe sowie unser zweites Sofa und unsere Waschmaschine für den Waschkeller. Das Geschirr und Küchengerätschaften für unsere Erstausstattung kamen auch mehrheitlich über Spenden aus der Gemeinschaft zusammen, ebenso die Möblierung der Gäste-Appartements. Dafür hatten wir dann allerdings zusätzlich ein Anschaffungsbudget festgelegt, das die AG Einrichtung ausgeben konnte.

Stolz sind wir zudem auf unsere Refuchairs: Über den Kontakt zu einer Journalistin-Kollegin, die sich für Flüchtlinge in Bad Aibling einsetzt, bekamen wir stapelbare Schulstühle, die kunstvoll von den afrikanischen Flüchtlingen bemalt worden sind – entweder einfarbig in fröhlichen Farben oder mit wunderbaren Tier-Dschungel-Afrika-Motiven. Ein echter Hingucker und eine gute Spenden-Tat zugleich.

2022: Endlich offizielles Einweihungs-Sommerfest

Die Corona-Pandemie haben wir also gemeinschaftlich gut überstanden. Natürlich haben wir uns da auch gegenseitig geholfen, wenn es nötig war. Die drei Singles waren glücklich, dass sie in den Garten gehen und mit „unseren" Kindern spielen konnten. Unser Telekom-Held Marco, der hartnäckig für einen superschnellen Glasfaser-Anschluss gesorgt hat, meinte später, dass unser Haus ihn quasi gerettet hat vor Vereinsamung. Denn außer Einkaufengehen war damals in München nichts möglich. Sogar Outdoor-Sport war monatelang verboten. Man hätte ja beim Joggen oder Golf spielen jemanden anstecken können!

Wir öffneten unsere Gemeinschaftsappartements für ukrainische Flüchtlinge.

Am 22. Juli 2022 fand dann endlich das offizielle Einweihungs-Sommerfest statt, organisiert von der AG Gemeinschaft und mit tatkräftiger Mithilfe unseres „harten Kerns", der immer mit anpackt. Denn natürlich gibt es auch in unserer Gemeinschaft ein paar wenige, die sich kaum aktiv einbringen. Als es um die Eigenleistungen bei den Außenanlagen ging, wurde eine Stundenliste geführt, damit niemand sich benachteiligt fühlte. Wer nicht konnte oder wollte, hätte das finanziell ausgleichen müssen. Die Summe, die da zusammenkam, war so gering, dass wir schließlich auf die Zahlung verzichtet haben. Was für die hohe Motivation unserer „StadtNaturis" spricht.

Sehr bewährt hat sich unsere Gemeinschaft auch nach dem russischen Angriff auf die Ukraine am 24. Februar 2022. Allgemein gab es in Deutschland gleich eine große Welle der Hilfsbereitschaft für ukrainische Flüchtlinge. So auch in unserer Gemeinschaft. Die Malerin und Kunstlehrerin Stephanie war die Erste, die uns aufrief, ukrainische Familien in unseren Gäste-Appartements aufzunehmen. Eine Mutter mit Kindern blieb nur wenige Tage, die andere, Katheryna, bis zum Sommer und bekochte uns auch mit ukrainischen Spezialitäten. Ein unglücklicher Wasserschaden im Stadtparkblick-Appartement beendete dieses Mietverhältnis frühzeitig. Aber wir schafften es mit vereintem Networking, ihr Ausweichquartiere bis hin zu einer festen Wohnung in unserer Nähe zu besorgen. Ihre beiden Kinder gehen inzwischen in die nahe Kita bzw. Grundschule und spielen weiterhin mit „unseren" Kindern. Ein krebskranker Ukrainer, Sergiy, lebt weiterhin in einem unserer Gemeinschaftsappartements.

Vorlesen für Kinder und weiterhin kulinarische Events

Nach der Corona-Pandemie war zu spüren, dass alle wieder froh waren, ihren eigenen, so lange vernachlässigten Aktivitäten nachzugehen – von Sport über Kultur bis hin zu Reisen. Die gemeinschaftlichen Aktionen wurden weniger, schliefen aber nicht ein. Gabi versuchte, einen Chor auf die Beine zu stellen. Wir hatten einige lustige Karaoke-Treffen im Gemeinschaftsraum, die aber wieder einschliefen. Regelmäßig beibehalten haben wir, also in diesem Fall Gabi, eine ehemalige Grundschullehrerin, und ich, aber das Vorlesen für Kinder. Jeden Mittwoch um 16.30 Uhr trifft sich eine Kinderschar von 0 bis 7 Jahren im Gemeinschaftsraum und bekommt zwei Bilderbücher von uns vorgelesen. Das war für mich Anlass, selbst zwei Kinderbücher zu schreiben. Eines, „Die Gustav – Abenteuergeschich-

Vorlesen im Winter

Olivenöl-Abend in der Gemeinschaftsküche

Fahrradstellplätze in der Tiefgarage

Grüne Nordfassade

Die Vorplätze vor den Wohnungen

Gemeinschaftsgarten mit Beeten

Weihnachtliches StadtNatur-Haus

Heidi Rauch in ihrem Zimmer

ten eines verrückten Huhns" für Kinder ab drei Jahren, habe ich unseren StadtNatur-Kindern gewidmet. Sie waren die Ersten, an denen ich die Wirkung der Reime und der schönen Illustrationen von Bengt Birck „getestet" habe.
Unsere monatlichen Pancake-Frühstücke sind etwas seltener geworden. Aber wir schaffen weiterhin Grill-Treffen auf dem mit Dachplatanen elegant verschatteten „Biergarten" vor unserem Gemeinschaftsraum, ein üppiges Osterbrunch-Büfett, Plätzchen-Backen mit unserer Schweizer Super-Bäckerin und natürlich unsere beiden fixen Feste – Sommerfest und Nikolaus.

Schöne Extras: Getränke-Automat, Sauna, Paketboxen und Dongle als Schlüssel

Neben diesen „großen" Events haben sich inzwischen Grüppchen gebildet. Unser Christian D. - es gibt auch einen Christian W., der uns als Jurist viel zur Seite stand und immer wieder steht - hat sich zusammen mit Robert um einen alten Getränke-Automaten verdient gemacht, der inzwischen via App bedient wird und der Gruppe „Karsten Bier" und anderen als Anlaufstelle dient, wenn es z. B. um gemeinsames Fußballschauen im Gemeinschaftsraum geht. Hier gibt es natürlich keinen Fernseher, sondern einen Beamer, eine Soundanlage und eine weiße Wand, auf die alle möglichen Filme projiziert werden können.

Zukunftsweisende Investitionen

Christian D. haben wir auch unsere Sauna (neben dem kleinen Schwimmteich-Tauchbecken) zu verdanken, die er über ebay kostengünstig erstanden hat, und einige zukunftsweisende Extras unseres Hauses wie die beiden Paketboxen von Renz und vor allem das intelligente Schließsystem von Dormakaba, das mittels Dongle oder App funktioniert. Das hat sich super bewährt! Danke für dieses außergewöhnliche Engagement von Anfang an! Ich erinnere mich noch, wie er bei einem Bautreffen Toilettenschüsseln aus dem Baumarkt angeschleppt hat, damit wir uns die Sanitärlinien besser vorstellen konnten! Großartig! Und während der

Bauphase war es Christian, der unsere Bauarbeiter mit einem Kaffee-Automaten seines Arbeitgebers Dallmayr versorgte. Andere brachten Bier und Leberkäs-Semmeln vorbei. So gut umsorgt arbeiteten die Handwerker noch lieber....

Danke an Philipp für die Fahrrad-Expertise (Ständer inkl. Hochständer in der Tiefgarage und Radlwerkstatt am Fahrradschuppen) und die Recherche plus Muster-Präsentation der einheitlichen Sonnensegel und Vorhänge auf den Terrassen und Balkonen, denn unsere Südausrichtung mit den großen Fensterfronten bedarf der Verschattung. Sehr nützlich in diesem Zusammenhang sind die bereits von den Architekten geplanten verdunkelnden elektrischen Außenrollos.
Danke auch an Sebastian, ohne den wir keine eigene Energie GbR hätten mit einer 99 kW-Photovoltaik-Anlage auf dem Dach, die unsere Grundwasserpumpe speist. Sich dermaßen hineinzuarbeiten in alle bürokratischen Hürden und Fallstricke, dafür mein allerhöchster Respekt!
Danke an Julian H. - wir haben auch einen Julian L., der in der AG IT aktiv ist - für den Einsatz in puncto öffentliche Förderung unserer inzwischen 11 Wallboxen. Zunächst hatten nur wir ein Hybrid-Auto und wollten eine Möglichkeit in der Tiefgarage haben, um unser Auto zu laden. Aktuell stehen zahlreiche reine Elektro-Autos in unserer Tiefgarage, deren Batterien in der Zukunft als Speicher für unseren allgemeinen Strombedarf dienen sollen (Stichwort: bidirektionales Laden).

Schwarmintelligenz und unterschiedliche Kompetenzen zum Wohle unseres „Leuchtturmprojekts“

Insgesamt fasse ich all diese Leistungen – und noch viel mehr als hier erwähnt! - unter „Schwarmintelligenz“ zusammen. Nie hätten wir alleine so viele nützliche Dinge bewältigt. Es gibt z. B. ausgesprochene Zahlenmenschen in unserem Haus, die sich intensivst mit den Abrechnungen, Finanzplänen etc. auseinandergesetzt haben. Es gibt Juristen wie Lukas, der unsere Hausordnung, die wir selbst aufgesetzt haben, wasserdicht auch im juristischen Sinne formuliert hat. Um nur ein Beispiel von vielen zu nennen. Gerade der jüngeren Generation mit all ihren unterschiedlichen Kompetenzen haben wir sehr viel zu verdanken. Das haben sie wirklich meisterlich hinbekommen! Wir waren ursprünglich nicht als ausgesprochenes Mehrgenerationshaus geplant. Dass wir es geworden sind, ist ein Segen für alle. Nicht zuletzt deshalb sind wir ein Leuchtturmprojekt der Stadt München.

Gibt es keine Wermutstropfen?

Immer wieder werden wir gefragt, ob es denn bei all diesen positiven Aspekten nichts Negatives gibt. Und wir antworten stets: nein, nicht wirklich. Wir können auch gut mit Kritik und anderen Meinungen umgehen, auch wenn Toleranz da manchmal schwerfällt. So war ich anfangs ziemlich beleidigt, als mein einst sehr teures, vollökologisches Ehebett mit Futons, das ich für ein Gäste-Appartement gespendet hatte, nach „Probeliegen" einiger Gäste ausgetauscht werden sollte gegen ein zu kaufendes kleineres Bett mit dickerer Matratze. Was habe ich daraus gelernt: andere haben andere Bedürfnisse als ich. Ist auch in Ordnung.

Unsere Gemeinschaft ist von gegenseitigem Respekt getragen, der mit dem Hausbau gewachsen ist. Unsere Hausverwalterin hat wenig Arbeit mit uns, weil wir von Anfang an keine Probleme hatten, miteinander Kompromisse zu finden. Wer diesen Prozess der Konsensfindung bei so vielen Punkten, die zu einem Hausbau gehören, nicht mitgemacht hat, fühlt sich dem Haus und der Gemeinschaft naturgemäß weniger verbunden. So zog inzwischen ein Ehepaar aus, dem nach zweitem Nachwuchs die Wohnung zu klein geworden ist. Beide kamen fast als letzte zu unserer Baugemeinschaft dazu. Es gibt noch einen zweiten Auszug, weil sich ein Paar getrennt hat.
Die beiden neuen Mietparteien versuchen wir so gut wie möglich zu integrieren. Die Zukunft wird zeigen, ob das gelingt. Bei unserer positiv gestimmten und mehrheitlich gut gelaunten Gemeinschaft bin ich mir da ziemlich sicher!

HR

Statements von drei StadtNatur-Bewohnern mehr als zwei Jahre vor Einzug:

Keine Anonymität

Wir waren von dem Konzept sofort überzeugt. Dass man nicht nur schlüsselfertig kauft, sondern zusammen etwas leistet, sich mit dem Bau beschäftigt und damit verwächst. Wir wollen in der Stadt wohnen und freuen uns, dass hier nicht diese extreme Anonymität herrscht wie sonst üblich. Der Gemeinschaftsgedanke ist wunderbar.

Julian, 35, Maschinenbau-Ingenieur, und Elisabeth, 34, IT-Projektmanagerin, die zusammen mit Tochter Paulina, 2, eine 100qm-Wohnung mit Gartenanteil beziehen.

Ökologische Wohnform

Wir finden die Nachhaltigkeit, das Ökologische des Projekts klasse. Es ist uns wichtig im Leben, auf den Ressourcenverbrauch aufzupassen. Es gibt wenige Wohnformen in München, wo man so leben, so eine Gemeinschaft finden kann. Außerdem ist natürlich die Verkehrsanbindung sehr gut, so dass wir auf das Auto verzichten können.

Robert, 37, Software-Entwickler, und Bernadette, 30, Statistikerin in der Pharmabranche, die zusammen eine 85qm-Wohnung beziehen.

Verkleinern in Holzbauweise

Wir wohnen jetzt in einem Holzhaus und finden die Holzbauweise super. In unserem Alter brauchen wir aber kein Haus mehr, und so zieht unsere Tochter mit ihrer Familie in das Haus und wir wollen uns verkleinern. Wir haben uns schon länger über Baugemeinschaften informiert und finden den Ort in Alt-Riem, die Bauweise und die Gemeinschaft einfach sehr gut.

Gabi, 63, Lehrerin und Rainer, 67, Diplom-Ingenieur, die zusammen eine 70qm-Wohnung beziehen.

Bautafel

StadtNatur, Elisabeth-Baerlein-Straße / Ecke Erdinger Straße, 81829 München-Riem

Projektbeginn / Baubeginn / Fertigstellung:
2017 / 2019 (Grundsteinlegung 10. 5. 2019, Richtfest 6. 12. 2019) / Herbst 2020

Anzahl der Parteien: 35

Rechtsform:
Baueigentümer-Gemeinschaft, zuerst GbR, jetzt WEG

Kosten/Finanzierung, Name der Bank:
22 Mio Euro / Umweltbank Nürnberg. Kostendeckel der Stadt München: 2.400 Euro/qm Wohnfläche und 4.600 Euro/qm Grundstücks- und Gemeinschaftsflächenkosten, insgesamt ca. 7.000 Euro/qm.

Art des Bauprojekts:
Neubau Holz-Hybrid-Haus (Lärchenholz-Fassade, Beton-Körper) auf einem 4.000 qm großen Grundstück, das von der Stadt München erworben wurde; Passivhaus Plus mit kontrollierter Wohnraumbelüftung mit Wärmerückgewinnung, dreifach verglasten Holzfenstern etc. (Passiv House Award 2021)

Architekt:
ArchitekturWerkstatt Vallentin, Gernot und Rena Vallentin, München

Garten-Gestaltung:
FreiRaum Architekten, Rupert Wirzmüller, Regensburg

Projektleiter:
Contemplan, Michael Kroll und Thomas Winter, Regensburg

Mediator-Begleiter:
War nicht nötig

Philosophie:
StadtNatur steht für eine zeitgemäße Architektursprache, die eine Qualität bietet jenseits der Anpassung an „Trends“. Ein Zugewinn an kultureller Lebensqualität, die auch ins Quartier wirkt. Verzahnung (Verbindung von Innen und Außen) ist hier Gestaltungsprinzip für Gebäude, Städtebau und die naturnahe Gartengestaltung. Materialien sollen neben Nachhaltigkeitsaspekten (Qualität, Wiederverwertbarkeit, gesundheitliche Unbedenklichkeit) vor allem eine Patina entwickeln dürfen, so wie Naturstein, Holz, Cortenstahl.
Der geringe Energieverbrauch ermöglicht eine optimierte Ressourcenschonung und auch insbesondere haustechnische Low-Tech Konzepte, bei der nur so viel Technik wie nötig verbaut wird.
Die Baugemeinschaft StadtNatur hat sich aus innerer Überzeugung verpflichtet, einen nachweislichen Anteil von mehr als 20 Prozent an Baustoffen aus nachwachsenden Rohstoffen zu verwenden. Nachdem das Gebäude mit drei Geschossen keine Kapselung für tragende Holzbauelemente benötigt, konnte das Gebäude weitgehend mit einer kostengünstigen Holzkonstruktion errichtet werden.
Ein hoher Grünanteil und minimierte Versiegelung haben den Bau eines „grünen Hauses“ ermöglicht. Sorgfältig geplante Elemente zur intensiven Fassadenbegrünung („Pflanzregale“ im Süden, d. h. Bambus in Cortenstahl-Trögen, und ein sommergrüner Kletterpflanzenschleier im Norden) beleben die Hausansichten.

Besonderheiten:
70 qm Gemeinschaftsraum mit hochwertiger Küche
2000 qm Gemeinschaftsgarten
Sauna /Schwitzhütte
Schwimmteich
Serama-Zwerghühner
Kinder-Spielgeräte
Mobilitätsstation mit Fahrrädern und Lastenfahrrädern, Fahrrad-Werkstatt und Fahrrad-Reparaturplatz
Autoarmes Wohnen, d. h. Stellplatz-Schlüssel von 0,7
Barrierefreiheit (Haus und Wohnungen)
2 Paketstationen (Renz Box)
3 Gäste-Appartements zum Vermieten
Werkstatt
Waschkeller
Smartes Schließsystem von Dormakaba
Eigene StadtNatur-Energie GbR (Bau und Finanzierung der 99 KW-PV-Anlage auf dem begrünten Flachdach)
Grundwasser-Wärmepumpe
Kontrollierte Be- und Entlüftung
Entkalkungsanlage
Wallboxen in der Tiefgarage, die

später für bidirektionales Laden umgerüstet werden sollen

Besondere Schwierigkeiten:
keine wesentlichen, die über „normale" Bauprobleme hinausgehen, wie etwa das rechtzeitige Fällen der wild wachsenden Bäume auf dem Bauplatz, Stichwort Vogelschutz. Danke an dieser Stelle an die Abteilung Riem der Freiwilligen Feuerwehr, die zwei Tage vor Fristablauf eine Baumfäll-Übung abgehalten hat!

Besonders gut gelungen:
- Baufertigstellung rechtzeitig und mit sogar leicht unterschrittenem Budget!!!!
- Eine Gemeinschaft, die mit gegenseitigem Respekt und unter bestmöglicher Nutzung der „Schwarmintelligenz" alle Hürden gemeinsam gemeistert hat, um ein ökologisch wegweisendes, zukunftsfähiges Haus zu bauen.
- Eine vierköpfige Geschäftsführung, die sich weit über das normale Maß engagiert hat.
- Arbeitsgemeinschaften, die sich bis heute engagieren (AG Gemeinschaft, AG Garten, AG Huhn, AG Werkstatt, AG Sauna, AG IT, AG Eltern, AG Einrichtung für die Gäste-Appartements etc.)
- Glasfaseranschluss für schnelles Internet dank der Hartnäckigkeit eines jungen Eigentümers bei Verhandlungen mit der Telekom
- Sehr geringe Energiekosten bei kuschlig warmen Wohnungen
- Eine gelebte Gemeinschaft mit vielen kulinarischen Events wie Osterbrunch, Sommerfest, Nikolaus etc.
- Regelmäßige Treffen im Gemeinschaftsraum, etwa beim Vorlesen für Kinder, bei Pancake-Frühstücken, Yoga, Fußballspielen im TV etc.
- Gegenseitige Hilfsbereitschaft über den Signal-Bewohner-Chat

Was noch realisiert oder besser werden soll:
• Bidirektionales Laden, d. h. Nutzung der Batterien der Elektro-Autos als Speicher für den Strombedarf des Hauses

Praktische Tipps für Interessenten an einem Gemeinschaftsprojekt:
• Wichtig ist ein „starkes" Architekturbüro, das Erfahrung im ökologischen und gemeinschaftlichen Bauen hat.
• Begrenzung der Ausstattungsmaterialien (Fliesen, Parkett, Sanitär) auf zwei, drei Varianten. Vorteil: kostengünstig bei der Materialbestellung und die Fehlerquote beim Einbau senkend
• Nicht an Kleinigkeiten festbeißen, die wenige Euro Ersparnis versprechen. Vielmehr an wichtige Dinge denken, wie etwa eine vom Garten zugängliche (Gäste-) Toilette, in die z. B. spielende Kinder schnell gehen können.
• Kompetenzen der zukünftigen Bewohnerinnen und Bewohner einbinden

Ermutigungssätze für Menschen, die sich ein Gemeinschafts-Wohnprojekt wünschen:
Es ist wunderbar, dass man nicht allein baut! Die „Lasten" verteilen sich auf viele Schultern. Immer findet sich jemand in einer Gruppe, der etwas Konstruktives beitragen kann, Ideen einbringt. 75 Workshops über zwei Jahre sind viel Zeitaufwand, lohnen sich aber, weil nur so eine Gruppe zukünftiger Nachbarn zusammenwächst. Man meistert gemeinsam Höhen und Tiefen. Nach dem Einzug wohnt niemand anonym.
Aus dem gegenseitigen Respekt während der Bauphase erwachsen Freundschaften. Gemeinsam ist man stolz auf das Erreichte, schätzt das neue Zuhause umso mehr.

www.stadtnatur.net

Nützlich:
www.mitbauzentrale-muenchen.de
www.wohnen-ohne-auto.de

Altes Haus neu belebt

Seit 20 Jahren Blücherstraße 17 in Wiesbaden - Interview mit Waltraud Beppler

„Mama, im Alter brauchst Du Menschen und Geschäfte um Dich. In den Wald kannst Du auch mit dem Taxi fahren." Das sagte der Sohn von Waltraud Beppler, Jahrgang 1939, zu ihr, als sie überlegte, in der 2003 gegründeten Genossenschaft „Gemeinschaftlich Wohnen eG" aktiv zu werden. Seine aufmunternden Worte haben sich bestätigt: Waltraud Beppler ist alles andere als einsam. Sie ist heute die Älteste in der Blücherstraße 17 im Wiesbadener Westend, hat das genossenschaftliche Wohnprojekt von der Planungsphase an mit vorangetrieben und ist seit langem – zusammen mit anderen - für die Öffentlichkeitsarbeit zuständig.

Sie kennt jeden Winkel des imposanten Gründerzeithauses, Baujahr 1905, das die Genossenschaft 2005 von der Stadt Wiesbaden erworben hat. Ziel der Initiatoren Udo Schäfer und Maria Wippel: weniger anonym, weniger vereinzelt und weniger fremdbestimmt wohnen. „Die Stadt war froh, dass sie diese komplizierte Immobilie losgeworden ist. Das Gebäude ist über Jahrzehnte vergammelt, zuletzt war im Hinterhaus ein Flohmarkt-Lager, im Vorderhaus wohnten nur noch wenige Mieter." Heute ist es ein Schmuckstück und Vorzeigeobjekt, wie gemeinschaftliches Wohnen über Jahrzehnte gut funktioniert.

> ***„Wir wollten alle weniger anonym,***
> ***weniger vereinzelt und weniger fremdbestimmt wohnen."***

2023 haben die 44 Bewohner zwischen 0 und 84 Jahren 20-jährige Genossenschaftsgründung gefeiert. Die insgesamt 22 Wohnungen zwischen 44 und 103 Quadratmetern sind erst 2006/2007 bezogen wurden. „Wir sind in diesen Vor-

Die Innenhöfe der Blücherstraße 17 sind liebevoll begrünt.

lauf-Jahren schon als Hausgemeinschaft zusammengewachsen. Nicht zuletzt bei der umfangreichen Sanierung und Modernisierung mit Architekt Stefan Musche, wo auch viel Eigenleistung gefragt war." Plakate mit Fotocollagen aller Mitwirkenden zeugen von viel Miteinander – bei den Bauarbeiten ebenso wie bei Sommerfesten oder gemeinsamen Ausflügen.

Das rote Backsteinhaus umfasst insgesamt 960 Quadratmeter mit Vorder-, Mittel- und Hinterhaus inklusive zwei Innenhöfen. Die sind deutlich belebt und dienen als Treffpunkte mit Spielplatz plus Trampolin für Kinder, mit Tischen und Bänken, vor allem mit vielen Pflanzen. Highlight ist sicher die einladende Dachterrasse auf dem Mittelhaus. Eine von vielen Ideen, die der Architekt gemeinsam mit den Bewohnern entwickelt hat. Im Erdgeschoss des ersten Innenhofs hat eine Landschaftsgärtnerei ihr Büro, im Vorderhaus zur Straße hin ist das Café Anderswo ein beliebter Treffpunkt. Beide übrigens Mieter seit 2007.

Wenig Fluktuation

„Anfangs gab es viel Wechsel", erinnert sich Waltraud Beppler. „Wenn das Geld in Form einer Einlage von 450 Euro pro Quadratmeter fließen musste, trennte sich die Spreu vom Weizen. Inzwischen haben wir nur wenig Fluktuation. Ich bekomme sehr oft Anfragen von älteren Leuten, denn unsere Mietpreise von 6,50 Euro pro Quadratmeter plus Nebenkosten sind sehr attraktiv. Ich muss aber absagen, weil wir auf jüngere Leute angewiesen sind. Wir wollen schließlich unser Ziel des generationsübergreifenden, sozial und kulturell gemischten Zusammenlebens nicht verlieren."

So gibt es in der Blücherstraße 17 eine WG ebenso wie Familien mit Kindern, die vor allem im Vorderhaus in den größeren Wohnungen leben, und drei Ein-Zimmer-Wohnungen für Studenten oder Senioren im Hinterhaus. Alle Wohnungen haben im Zuge der Renovierung einen Balkon bekommen. Waltraud Beppler wohnt in einer Zwei-Zimmer-Wohnung im barrierefreien Mittelhaus, in das ein

Von Anfang an dabei: Waltraud Beppler

Idyllische Details

Dachterrasse auf dem Mittelhaus

Spielplatz für die Kinder

Waltraud Beppler mit Autorin Heidi Rauch

Schöne Altbau-Details wurden erhalten

Aufzug eingebaut wurde. Gäste-Appartements gibt es nicht. „Wenn meine Enkel kommen, rücken wir zusammen. Sollte mehr Bedarf sein, bringen wir die Kinder im Kinderraum unter oder überlassen einander die Wohnung. Irgendjemand ist ja immer mal verreist."

„Unser Ziel ist ein generationsübergreifendes, sozial und kulturell gemischtes Zusammenleben."

Die Initiatoren Udo Schläfer und Maria Wippel, die natürlich selbst in zwei Wohnungen in „ihrem" Haus wohnen, haben die Idee des gemeinschaftlichen Wohnens nicht zuletzt deshalb verfolgt, weil sie selbst keine Kinder haben. „Udo und Maria haben bereits seit 1996 enorme Pionierarbeit geleistet", sagt Waltraud Beppler anerkennend. „Die haben doll was geleistet und unbeirrt an ihrer Idee festgehalten, Mitstreiter gesucht, Finanzquellen aufgetan etc." 2,6 Millionen mussten finanziert werden, was mit Hilfe der GLS Bank auch gelungen ist. Ein indirekter Finanzbeitrag kommt von der Stadt Wiesbaden in Form von fünf Wohnungen, die öffentlich gefördert sind für Menschen mit geringem Einkommen. Ein paar Wettbewerbspreise, wie der KfW-Award 2008 für ökologisches Bauen, kamen hinzu. Dazu die Einlagen der Eigentümer. Alle, die hier wohnen, sind Miteigentümer und vom Status her gleich.

„Unsere Nähstube war die Idee einer Mitbewohnerin."

Stichwort ökologisch Bauen: Das Haus wird mit einer Holz-Pellet-Heizung geheizt, für die Toilettenspülung und die gemeinschaftlichen Waschmaschinen wird Grauwasser benutzt. Zum gemeinschaftlichen Wohnen gehört auch ein Büro für alle mit Zugang zu je einem Computer, Drucker und Kopierer; ein gemeinsames Telefon-System und eine Nähstube mit Nähmaschinen und vielen Stoffen. „Das war die Idee einer Mitbewohnerin", erzählt Waltraud Beppler. Im Gemeinschaftsraum wird bei unserem Besuch gerade Deutsch-Unterricht für Mütter mit Kindern abgehalten.

Große Zufriedenheit

Wie zufrieden sind die Bewohner mit dem Gemeinschaftsleben, wollten wir wissen und treffen dazu im Café Anderswo noch zwei weitere Bewohner: den gebürtigen Niederländer Franciscus Gall, genannt Frans, 67 Jahre alt, seit 2007 dabei; und Hans-Georg Heinscher, 71 Jahre alt, seit 2014 dabei, zunächst als Externer im geschäftsführenden Vorstand der Genossenschaft, seit 2016 auch in der Blücherstraße 17 wohnend.

Frans Gall: „Ich bin sehr zufrieden, denn ich wollte immer mit Menschen zusammen sein. Ich bin Architekt mit Schwerpunkt Architekturbeleuchtung. Beim Sommerfest bin ich der Beleuchtungsbeauftragte. Sonst auch für die Heizung zuständig."

„Im Zuge unserer Selbstverwaltung legen wir großen Wert darauf, dass alle Leute bereit sind, mitzuhelfen."

Hans-Georg Heinscher: „Es ist eine ganz tolle Sache, hier zu wohnen. Ich bin Elektroingenieur und im Haus zuständig für den Aufzug, für die Computer, die W-Lan-Pflege und die Wartung der Telefonanlage."

„Das ist hier überhaupt das Prinzip", schaltet sich Waltraud Beppler ein. „Wir haben für jeden Bereich Experten und Paten für die verschiedensten Aufgaben. Im Zuge unserer Selbstverwaltung legen wir großen Wert darauf, dass die Leute, die hier wohnen, bereit sind mitzuhelfen. Es muss zum Beispiel auch alles gepflegt werden. Wir haben keinen angestellten Hausmeister und keine professionelle Reinigungskraft. Geregelt haben wir das mit wechselnden Hausdiensten. Lediglich die hohen Fenster lassen wir von Profis reinigen."

Architekt Frans Gall findet ein schönes Bild für die Blücherstraßen-Gemeinschaft: „Für mich ist es ein Glück, dass das Gebäude unsere Idee repräsentiert:

Es besteht aus handgeformten Ziegelsteinen, alle sind anders, aber so geformt, dass alle alles mittragen und keiner überfordert ist."

„Gemeinsam ist man stärker als einzeln."

Hans-Georg Heinscher will auch politisch etwas bewirken. Seit Jahren engagiert er sich u. a. bei Attac und mit der Bürgerinitiative „Gemeinwohl hat Vorfahrt – Privatisierung stoppen" für bezahlbares Wohnen in Wiesbaden: „Es geht nicht nur um schöner wohnen. Mit dem 'Runden Tisch für Wohninitiativen und Baugemeinschaften' in Kooperation mit dem Wiesbadener Wohnungsamt gibt es bereits seit 1998 ein Forum für alle, die an neuen Wohnformen interessiert sind. Damit wollen wir bei der städtischen Wohn- und Baupolitik Einfluss nehmen, damit nicht nur kommerzielle Interessen im Vordergrund stehen. Einiges ist schon erreicht worden: Wir haben einen Stammtisch 'Gemeinschaftliches Wohnen' initiiert und einen Wohnprojekte-Tag in der hessischen Landeshauptstadt ins Leben gerufen."

Mit 50 das Leben planen

Und welche Mutmach-Sätze haben die Drei für Menschen, die sich ein Gemeinschaftswohnprojekt wünschen, aber den Aufwand vielleicht scheuen?
Hans-Georg Heinscher: „Die Wünsche der einzelnen Parteien sind unterschiedlich. Wir sind keine heile Gesellschaft. Aber Schwierigkeiten sind dazu da, dass man sie löst." Frans Gall: „Gemeinsam ist man stärker als einzeln."

Zum Schluss noch ein Rat von Waltraud Beppler, die nach einer Trennung nach 33 Ehejahren allein dastand und sich fragen musste „Was nun?": „Ein Seminar, das mir damals, Anfang der 90er Jahre, auf die Sprünge geholfen hat, hieß 'Mit 50 das Leben planen'. Das kann ich jedem, aber vor allem Frauen, nur dringend ans Herz legen." Und sie fügt hinzu: „Durch das Wohnprojekt bin ich als alter Mensch wieder mitten im Leben angekommen."

HR

Plakat Gelebte Genossenschaft

Plakat Sommerfeste

Plakat Unser Haus

Plakat Miteinander leben

Bautafel

„Gemeinschaftlich Wohnen eG", Blücherstraße 17, 65195 Wiesbaden

Projektbeginn / Baubeginn / Fertigstellung:
1996 / 2005 / 2007

Anzahl der Parteien: 22

Rechtsform:
Genossenschaft

Kosten / Finanzierung, Name der Bank:
2,6 Mio, finanziert von der GLS Bank und mit Einlagen

Art des Bauprojekts:
Altbau

Architekt:
Stefan Musche

Projektleiter:
Udo Schläfer

Mediator-Begleiter:
Architekt Stefan Musche

Philosophie:
Die Mitglieder der Genossenschaft wünschen sich ein anderes Wohnen in der Stadt - weniger anonym, weniger vereinzelt, weniger fremdbestimmt. Unser Ziel ist es, andere Formen des Zusammenwohnens zu entwickeln und umzusetzen:

- Generationenübergreifend, sozial und kulturell gemischt
- Zusammenleben von Menschen in unterschiedlichen Lebenslagen und Lebensformen in einer selbst gewählten Nachbarschaft
- soziale Verantwortung füreinander; verbindliche und verlässliche Strukturen des Miteinander
- Selbstverantwortung, Selbstbestimmung und Solidarität
- Nachhaltigkeit im Alltag durch ökologisches Bauen, Energie sparende und Ressourcen schonende Lebensweise
- dauerhaft preiswertes Wohnen in der Innenstadt

Besonderheiten:

- Gemeinschaftsraum
- Gemeinschaftsgarten
- Werkstatt (Nähstube)
- Waschkeller/-salon
- Gemeinsames Büro

Besondere Schwierigkeiten:
Für die „Alt-Mieterin" im Hinterhaus musste eine neue Wohnung gefunden werden.

Besonders gut gelungen:

- Dachterrasse
- Gemeinschaftsräume
- Sauna

Was noch realisiert oder besser werden soll:
PV-Anlage Vorderhaus, evtl. ein Aufzug im Vorderhaus

Praktische Tipps für Interessenten an einem Gemeinschaftsprojekt:
Spätestens, wenn man die 50 überschreitet, sollte man sein weiteres (Wohn-)Leben planen.

Ermutigungssätze für Menschen, die sich ein Gemeinschafts-Wohnprojekt wünschen:
Man muss es nur wollen.
Es ist zwar viel Arbeit, aber es lohnt sich einfach. Wehwehchen tun mehr weh, wenn man allein zu Hause sitzt. In einem Gemeinschaftshaus ist man mit eingebunden. Es gibt keine Langeweile.

www.gemeinschaftlich-wohnen.de

Straßenansicht des Gründerzeithauses von 1905 mit dem Café Anderswo

Leben um einen Dorfplatz

Die Wohnhöfe in Offenau bei Heilbronn nach dem Konzept des österreichischen Architekten Fritz Matzinger

Winfried Rabe, Jahrgang 1950, strahlt Ruhe und Gelassenheit aus. Er hat schon viele Besucherinnen und Besucher durch die Wohnhöfe im kleinen Offenau, in der Nähe von Heilbronn, geführt. Schließlich gehört er zur Gründergeneration der Wohnhöfe an der „Alten Saline", war schon in der Planungsphase Anfang der 1980er Jahre dabei und lebt seit deren Fertigstellung 1986 dort. Er sah hier – gemeinsam mit seiner Frau – seine Kinder aufwachsen. Winfried Rabe bringt also Wohnprojekt-Erfahrungen aus knapp 40 Jahren mit.

Diese Erfahrungen interessieren mich ebenso wie die Frage, wie es überhaupt dazu kam. Denn zu dieser Zeit war es noch ungewöhnlicher als heute, die Initiative zu ergreifen und ein innovatives Wohnprojekt zu starten. „Die Idee dahinter war", so Rabe, „nachbarschaftliches und kinderfreundliches Wohnen für Familien zu ermöglichen - jenseits der damals wie heute üblichen, konventionellen Einfamilien-Reihenhäuser."

Von Afrika lernen

Ein Glücksfall war es, dass es seinerzeit schon ein Konzept zum Bau von familienfreundlichen Wohnhöfen gab, und zwar von dem Linzer Architekten Fritz Matzinger. Der hatte sich schon als junger Architekt nach Alternativen zum konventionellen, sehr auf Individualität ausgerichteten Wohnungsbau umgeschaut und sich auf Studienreisen Anregungen für ein sozialeres, familien- und kindgerechtes Wohnen geholt. Was er aus Westafrika mitnahm: Dort bauen

Rückzugsraum im Grünen: Blick vom eingewachsenen Garten auf ein Wohnhaus

Menschen ihre Hütten traditionell so, dass sie sich um einen kleinen Dorfplatz gruppieren, auf dem sich das Leben einer überschaubaren Gemeinschaft abspielt, vor allem das der Kinder. In Matzingers Wohnhöfen werden Reihenhäuser deshalb nicht nebeneinander gebaut, sondern im Viereck angeordnet, und der Innenhof wird mit einem Glasdach versehen, damit er wetterunabhängig und ganzjährig nutzbar ist. Im österreichischen Leonding bei Linz realisierte er 1974 erstmals die Idee eines Wohnhofs. Darauf folgten inzwischen über 30 Wohnhöfe in Österreich und Deutschland.
Erstaunlicherweise sind Fritz Matzinger und seine innovativen Wohnprojekte außer in Fachkreisen nahezu unbekannt, obwohl sie bestens reproduzierbar sind.

In Matzingers Wohnhöfen werden Reihenhäuser im Viereck angeordnet, und der Innenhof wird mit einem Glasdach versehen.

Zurück zur „Alten Saline" in Offenau bei Heilbronn, Baden-Württemberg. Dort fand die Initiativgruppe mit Klaus Holfelder einen Architekten, der Matzingers Arbeit in Österreich kennengelernt hatte, dessen Ideen übernahm und sie gemeinsam mit Fritz Matzinger vor Ort umsetzen konnte. Nun brauchte man noch eine Fläche: Der damalige Bürgermeister war dafür aufgeschlossen und bot den Bauinteressierten ein geeignetes Grundstück auf dem Gelände der ehemaligen Saline an. Anfängliche Bedenken des Gemeinderats konnten durch eine Besichtigungsreise zu Matzingers Wohnhöfen in Österreich zerstreut werden.

Als wir den Rundgang beginnen, schließt sich ein weiterer Bewohner an, der ebenfalls zur Gründergruppe gehört und seitdem auch dort wohnt: Harald Ballmann, Jg. 1950. Zu jedem Haus gehört ein kleiner Garten, doch man sieht hier keine Zäune, sondern überall naturnahes Wachsen und Gedeihen. Der ganze Komplex wirkt gut eingewachsen. Sichtlich zufrieden zeigen sie die üppig bewachsenen Gärten rund um die acht in einem Viereck angeordneten Häuser, die den Wohnhof umschließen. Eine zweite Wohnhofgruppe schließt sich direkt daneben an, so dass insgesamt 16 Familien darin wohnen. Zeitweise zählten 32 Kinder zur Gemeinschaft, die aber mittlerweile zum Teil „flügge geworden sind". Zu Weihnachten oder anderen Festen, so erzählen es mir die beiden, kommen viele davon gerne wieder in ihre Wohnhöfe zurück, auch weil sie damit eine glückliche Kindheit in einer Art Großfamilie verbinden. Stolz wird berichtet, dass diese Kinder in der Schule auf positive Weise „auffällig" waren, weil sie in puncto Sozialverhalten weiter waren als die anderen. Mir fällt dazu ein bekanntes afrikanisches Sprichwort ein: „Um ein Kind zu erziehen, braucht es ein ganzes Dorf". Genau das hatten und haben sie hier.

***Zu jedem Haus gehört ein kleiner Garten,
doch man sieht hier keine Zäune,
sondern überall naturnahes Wachsen und Gedeihen.***

Der „Dorfplatz" als Treffpunkt

Betritt man den überdachten Innenhof, so erkennt man das architektonische Konzept Fritz Matzingers: ein großer – verkehrsfreier – „Dorfplatz" zum Spielen und Rumtoben für die Kinder, ein alltäglicher Treffpunkt für die Erwachsenen mit Platz für einen Kaffeeplausch, Platz für Feiern aller Art, für das Fest der Nachbarschaft und Raum für besondere Anlässe wie Konzerte. Ein besonderes Ereignis ist der jährlich wiederkehrende Kunstmarkt zwei Wochen vor dem 1. Advent. Was ich noch sehe: ein offener Bücherschrank und hier und da Kunst und Fotowände. Darüber das elektrisch verschiebbare Glasdach, das je nach Witterung geöffnet oder geschlossen ist. Das alles wirkt wie eine großzügige Atrium-Wohnanlage mit Dach. Eine tolle Idee! Wie ich jedoch erfahre, war die flache Dachkonstruktion praktisch von Anfang an ein Problem, weil sie nicht wirklich dicht zu bekommen war. Deshalb hat man im Laufe der Jahre einiges in die Sanierung investiert.

Um den Innenhof in den Wintermonaten nutzen zu können, sorgen eine Bodenheizung und ein Holzofen für Wärme. Und wie steht es mit der Bauökologie? Der ganze Wohnkomplex wurde in Holzständerbauweise errichtet. Zur Energieversorgung dienen neben den Ölheizungen auch zwei Solaranlagen und zwei Blockheizkraftwerke. Die Photovoltaik-Anlage wurde schon 1996 mithilfe eines hohen Preisgeldes der Karl-Kübel-Stiftung finanziert. Beides führt dazu, dass eine erhebliche Reduzierung der CO2-Emissionen erreicht wird. Dazu tragen auch die Grasdächer, die Wärmespeicherung durch den Wohnhof und eine Regenwasseranlage für die Wintergartenbewässerung bei. Dennoch lagen die Baukosten deutlich unterhalb der seinerzeit vergleichbaren, sie waren sogar „außergewöhnlich niedrig", so Winfried Rabe. Dazu trug bei, dass die Familien auf eine Unterkellerung verzichteten und Eigenarbeit leisteten. Die Landeskreditbank von Baden-Württemberg förderte zusätzlich die Darlehen an junge Familien in einem Sonderprogramm für kostengünstige Bauweise.

Erhebliche Reduzierung der CO2-Emissionen dank PV-Anlage, Blockheizkraftwerken, Grasdächern, Wärmespeicherung und Regenwasseranlage

Für diese familien- und kinderfreundliche, dabei auch ökologische Bauweise wurden die Wohnhöfe mehrfach ausgezeichnet. 1987 im Wettbewerb „Ein Haus für die ganze Familie" und 1990 bekamen sie eine „Auszeichnung für beispielhaftes Bauen" von der Architektenkammer Baden-Württemberg. Wie schon erwähnt kam 1996 noch ein Preis von der Karl Kübel Stiftung für Kind und Familie hinzu.

Gut funktionierende Nachbarschaftshilfe

Für das Konzept sprechen viele Gründe. Doch wie lebt es sich im Alltag im „Wohndorf"? Wie klappt das Zusammenleben in der selbst gewählten „Wohndorfgemeinschaft"? Was hat sich in der langen Zeit der Nutzung bewährt, was

Frank Stütz, Harald Ballmann, Sonja Härpfer, Winfried Rabe

Kunstvolle Gestaltung

Überdachter Innenhof in Holzständerbauweise

Kunstmarkt im Innenhof

Luftbild auf die Anlage mit dem teilüberdachten Innenhof

nicht? Wie gelang der Generationenwechsel und wer wohnt heute außer den Gründerfamilien dort? Ist die Fluktuation hoch?

Als wir uns darüber unterhalten, kommen nach und nach noch zwei aus dem Haus hinzu: Frank Stütz, Architekt und im Rollstuhl sitzend, auch einer aus der Gründergruppe, und Sonja Härpfer, eine Generation jünger, die mit ihrer Familie erst seit einigen Jahren dort wohnt.

> ***„Die Anzahl der Reibungspunkte ist kleiner, wenn der Altersunterschied größer ist und damit unterschiedliche Lebensabschnitte vorhanden sind."***

Sie berichten davon, „dass es in der Bauphase einen sehr intensiven Austausch und engen Zusammenhalt gab und dadurch das Gemeinschaftsleben besonders ausgeprägt war, während jetzt die soziale Struktur eher der einer guten Nachbarschaft gleicht als der eines gemeinsamen Haushalts", so Winfried Rabe. Der Rückzug ins Private sei ihnen ebenso wichtig wie die nach wie vor gut funktionierende Nachbarschaftshilfe. Ein Beispiel dafür gibt Sonja Härpfer, als sie erzählt, wie sich die „alten Herren" rührend um ihre Kinder kümmern, wenn sie mal wegmüsse – ganz so wie früher in einer Großfamilie. Auf den Altersunterschied angesprochen, meint sie, „mir und meiner Familie geht es sehr gut damit, da die Anzahl der Reibungspunkte kleiner ist, wenn der Altersunterschied größer ist und damit unterschiedliche Lebensabschnitte vorhanden sind." Das sei bei etwa gleichaltrigen Familien eher anders.

Ein Paradies für Kinder

In der Praxis bewährt hat sich auch das Konzept, hier „ein Paradies für Kinder" zu gestalten. Denn in den Wohnhöfen „gebe es praktisch keine Einzelkinder: Alle wachsen mit Spielgefährten auf, müssen sich in einer Gruppe integrieren, sich darin aber auch selbst behaupten. Schon von klein auf lernen sie so soziale

Fähigkeiten und Eigenständigkeit, eine Einschätzung, die auch von Außenstehenden wie Lehrern bestätigt wird." Damit die Wohnhöfe aber „nicht zu einer isolierten Oase werden", hat man bewusst darauf verzichtet, eine eigene Kinderkrippe zu gründen. Vielmehr sollten die Kinder auch andere Kinder von außerhalb kennenlernen und Kinder vom Ort die Wohndorfkinder besuchen. „Das klappt bis heute gut und gilt auch für die Erwachsenen, die Freundschaften nach außen pflegen und Vereinen im Ort angehören", sagt Harald Ballmann.

> ***„Ein gemeinschaftliches Wohnprojekt ist geradezu ein ideales Lernfeld für den produktiven Umgang mit Konflikten."***

Dass das mit dem lebendigen Austausch mit den Leuten aus Offenau gut funktioniert, kann man bei zahlreichen Anlässen und Festen sehen. Höhepunkt ist hier der schon erwähnte, jährlich stattfindende Kunstmarkt im November, also vor der Adventszeit, der sehr gut angenommen und besucht wird. „So ist die anfänglich große Skepsis vieler Offenauer gegenüber dem zunächst kritisch gesehenen Wohnprojekt im Großen und Ganzen zugunsten einer Akzeptanz und guten Nachbarschaft gewichen". Dazu trugen auch „Tage der offenen Tür" bei. Allerdings berichtet Sonja Härpfer auch, dass sie von ihren skeptischen Bekannten gefragt wurde, „ob sie mit ihrer Familie denn jetzt in eine ‚Kommune' ziehen wolle".

Wer allerdings dort einmal wohnt, will selten mehr weg. Die Fluktuation bei den Bewohnerinnen und Bewohnern ist daher eher gering, ein Wechsel der Generationen findet natürlich dennoch statt. Derzeit wohnen fünf neue junge Familien in den beiden Wohnhöfen, deren Integration in eine „gewachsene Gemeinschaft" wie die der Wohnhöfe allerdings nicht reibungslos verlaufen sei - was aber wiederum verständlich ist. „Schließlich sind", so Sonja Härpfer, „die Neuen ja freiwillig hier eingezogen, wohl wissend, dass es auch Konflikte geben kann und man deshalb nicht konfliktscheu sein darf, wenn man sich auf so ein Wohnprojekt einlässt. Im Gegenteil, so ein gemeinschaftliches Wohnprojekt ist geradezu ein ideales Lernfeld für den produktiven Umgang mit Konflikten."

Es funktioniert ohne feste Spielregeln

Zusammenfassend lässt sich sagen, dass sich das ambitionierte bauliche Konzept der Wohnhöfe im Alltag bewährt hat. Zum einen fördert die kluge Idee eines Wohnens um einen Innenhof die Begegnung und das nachbarschaftliche Zusammenleben. Voraussetzung dafür ist allerdings eine „selbst gewählte Nachbarschaft", oder, wie es Winfried Rabe nennt, eine „Wahlverwandtschaft", also eine Möglichkeit der Mitbestimmung bei der Zusammensetzung der Bewohnergruppe. Hinzu kommt eine gesunde Balance von Individualität und Gemeinschaft, die sich im Laufe vieler Jahre eingependelt hat, ohne dass es dazu allzu viele feste Spielregeln gab.

WE

Bautafel

Wohnhöfe Offenau, Alte Saline 1 und 2, 74274 Offenau

Projektbeginn / Baubeginn / Fertigstellung:
1984 / 1985 / 1986

Anzahl der Parteien: 16

Rechtsform:
Eigentumswohnungen gem. WEG

Kosten / Finanzierung, Name der Bank:
Die Baukosten betrugen ca. 1.500 DM/qm (Stand 1986, vergleichbare Kosten für Standardhäuser betrugen etwa 2.200 DM/qm) Finanzierung durch Einzeldarlehen von Landeskreditbank BW, Volksbank Bad Wimpfen, Kreissparkasse Heilbronn

Art des Bauprojekts:
Neubau in Holzständerbauweise

Architekt:
Klaus Holfelder und Fritz Matzinger

Projektleiter:
Klaus Holfelder

Mediator:
Wohndorfgemeinschaft Offenau, GbR

Philosophie:
Mehrgenerationenhaus, das Kindern, Jugendlichen und Erwachsenen ein ihnen gerecht werdendes gemeinschaftliches Wohnen ermöglicht.

Besonderheiten:
Das architektonische Konzept Fritz Matzingers: Einfamilienhäuser gruppieren sich um einen mit einem Glasdach überdachten, etwa 200 qm großen Wohnhof. Das Glasdach ist zudem elektrisch verschiebbar. Damit ist dieser „Dorfplatz" ganzjährig nutzbar: als Kinderspielplatz, Treffpunkt, Versammlungsraum, für Feste (Kunstmarkt) und Ausstellungen.

- Grasdächer
- Regenwasseranlage
- Spielecke
- gemeinschaftlicher Wintergarten
- Fahrradabstellräume
- Besucherzimmer
- Sauna
- Gemeinschaftswerkstatt

Besondere Schwierigkeiten:
Zur Bauzeit war das Projekt noch ein Wagnis, weil das Wohnumfeld den Einzug einer „Kommune" befürchtete. Das legte sich im Laufe der Zeit, wohl auch durch „Tage der offenen Tür" und den jährlich stattfindenden Kunstmarkt.

Besonders gut gelungen:
Das architektonische Konzept Fritz Matzingers hat sich über Jahrzehnte bewährt.

Was noch realisiert oder besser werden soll:
Die Nutzung des großen Gemeinschaftsraums und die Kontakte nach außen, zur Nachbarschaft. Carsharing ist angedacht.

Praktische Tipps für Interessenten an einem Gemeinschaftsprojekt:
Das verschiebbare Glasdach ist anfällig dafür, mit der Zeit nicht mehr dicht zu sein. Hier sollte bei Neuprojekten auf eine besonders sorgfältige handwerkliche Ausführung geachtet werden.

Ermutigungssätze für Menschen, die sich ein Gemeinschafts-Wohnprojekt wünschen:
Eine gute Nachbarschaft zu finden, macht Mühe, führt aber zu einer tollen Lebensqualität. Ganz besonders profitieren davon die Kinder.

www.rabe-web.de
www.matzinger.at

Ein Verein als Berater

„Wohnen in Gemeinschaft Jung und Alt“, Würzburg – Interview mit dem Mitglied des Vereinsvorstands Jürgen Klein

Was für ein Optimist! Jürgen Klein versprüht so viel positive Energie, dass man sofort bei seinen Wohnprojekten mitmachen möchte. Trägt man sich mit dem Gedanken, im Raum Würzburg bzw. im Landkreis Main-Spessart wohnen zu wollen, ist das auch nicht unrealistisch. Denn der 66-Jährige ist im Verein „Wohnen in Gemeinschaft Jung und Alt e. V.“, kurz WiG, für die Grundstückssuche und die Gründung von Projektgruppen zuständig und hat da einiges in petto.

> ***Mit der Stadt Würzburg hat der Verein inzwischen ein Konzept erarbeitet, das als Grundlage für gemeinschaftliches Wohnen dient.***

Seit 2018 ist Jürgen Klein im Vorstand des 2014 gegründeten Vereins und kann bereits eine gute Bilanz vorweisen: Das erste Projekt in Würzburg-Oberdürrbach wird seit 2016 von 13 Familien bewohnt (zehn Mieter, drei Eigentümer), die sich auf drei Häuser mit Gemeinschaftseinrichtungen wie Gemeinschaftsraum und Gäste-Appartements verteilen. Altersdurchschnitt: 35 Jahre! Ein weiteres Haus mit vier Wohnungen kommt 2024 hinzu. Das zweite Projekt im neuen Würzburger Areal Hubland wurde im Februar 2024 bezogen. Zwei weitere Projekte – eines in Würzburg-Heidingsfeld auf dem Gelände einer ehemaligen Gärtnerei und eines in Karlstadt unweit von Würzburg - sind in der Planungsphase. Die Wohnungen in Heidingsfeld könnten dank Holzständerbauweise Ende 2024/Anfang 2025 bezogen werden. In Himmelstadt und Marktheidenfeld sind Interessenten für weitere Projekte in der Findungsphase.

Seit 2016 leben im Gemeinschaftsprojekt Würzburg-Oberdürrbach 13 junge Familien.

„Wir wollen wachsen", sagt Jürgen Klein selbstbewusst. Mittlerweile hat der Verein 130 Mitglieder, Tendenz steigend. Dabei schafft der Verein nur die Rahmenbedingungen für die gemeinschaftlichen Wohnprojekte. Mit Leben gefüllt werden sie von den eigenständigen Projektgruppen, die den Rat und die Expertise des Vereins ebenso wie dessen Lobbyarbeit schätzen. „Wenn wir uns mit Architekten und Holzbaufirmen an einem Wettbewerb beteiligen, investiert der Verein ja auch erst einmal und leistet Überzeugungsarbeit bei den Stadträten." Nicht zuletzt macht der Verein auch Werbung, so lange, bis sich eine Baugemeinschaft zusammengefunden hat, etwa auf der Homepage, und organisiert Stammtische für Interessenten.

Jürgen Klein ist vom Fach: Als gelernter Maurermeister hat er u. a. beim Bauamt der Stadt Gemünden am Main gearbeitet, wo er für den Tiefbau und den Unterhalt der Straßen zuständig war. Heute betreibt er noch ein kleines Bau- und Beratungsbüro, in dem er sich vor allem um die Projektsteuerung kümmert. Mit der Stadt Würzburg hat der Verein inzwischen ein Konzept erarbeitet, das als Grundlage für gemeinschaftliches Wohnen dient. „Mein Dank gilt hier vor allem auch dem Einsatz von Alt-Bürgermeister Hans-Jürgen Weber", sagt Klein, der natürlich weiß, wie wichtig politischer Rückhalt und eine wohlwollende Grundhaltung gegenüber Baugemeinschaften in den entsprechenden Behörden ist. Auch bei der Grundstückssuche hilft ein guter Draht ins Rathaus.

Selbst wohnt er übrigens noch allein bzw. mit seiner Partnerin zusammen. Beide wollen aber in naher Zukunft in ein Gemeinschaftshaus einziehen: „Wir haben ein Grundstück in Karlstadt, 40 km südlich von Würzburg, in Aussicht. Von den 10 Hektar Grundstück, wo sich derzeit noch ein Sport-, ein Campingplatz und ein Schwimmbad befinden, die verlegt werden sollen, ist ein Hektar für Geschosswohnungsbau reserviert. Es gibt einen einstimmigen Stadtratsbeschluss für die Unterstützung der Projektgruppe Karlstadt. Dort möchte ich gern leben, weil ich das Kleinstadt-Leben mag. Hier gibt es schöne Radwege am Main entlang, und die Bahn bringt einen schnell nach Würzburg." Und nebenbei sitzt hier das Landratsamt Main-Spessart mit einem rührigen Regionalmanagement, das sich u. a. um das Thema gemeinschaftliches Wohnen kümmert.

Neuer Stadtteil Hubland – „Mit Weitblick leben"

Ganz städtisch ist dagegen das zweite Projekt des Vereins: Im Osten der Stadt, auf einer luftigen Anhöhe, entsteht ein ganz neuer Stadtteil namens Hubland, in dem unter dem Motto „Mit Weitblick leben" Wohnraum für bis zu 4.500 Menschen geschaffen wird. Das Areal des ehemaligen US-Flugplatzes mit den abgerissenen Leighton Barracks (Kaserne und Siedlung) wird von der Stadt Würzburg auf der Hochebene des Mönchbergs komplett neu bebaut, u. a. mit einem Campus inklusive Studentenwerk, Seniorenwohnheim, Hotel, Supermärkten, Schulen, Kitas etc.. Insgesamt sieben Quartiere entstehen hier, meistens Neubauten für Eigentum- und Mietwohnungen inkl. geförderten Wohnungen. Erhalten und saniert wurde dagegen der ehemalige Tower, der als Stadtteil-Treffpunkt fungiert mit Bücherei, Mehrzweckraum und dem Zentrum für digitale Innovation. Baubeginn war kurz vor der Würzburger Landesgartenschau 2018, die auf dem Hubland-Gelände stattfand.

> ***„Wir verstehen uns ausschließlich als Berater der jeweiligen Baugruppen, die sich selbst organisieren."***

„Wir haben hier im Quartier II `Am Terrassenpark` ein vierstöckiges KFW 40-Gebäude realisiert, in dem der Altersdurchschnitt bei ca. 40 Jahren liegt, also auch mit vielen Familien", berichtet Jürgen Klein. Wobei „realisiert" nicht etwa heißt, dass der Verein zum Bauträger wird. „Wir verstehen uns ausschließlich als Berater der jeweiligen Baugruppen, die sich selbst organisieren." Im Fall von Oberdürrbach und Hubland waren die Baugemeinschaften als GbR organisiert; bei den beiden zukünftigen Projekten in Heidingsfeld und in Karlstadt sind es Genossenschaften. „Wir geben Starthilfe, schlagen Finanzierungsmodelle vor und bringen auch den einen oder anderen Referenten für Fachbeiträge in die Gruppe." Da der Verein so umfassend berät, sparen sich die Baugruppen häufig sogar den sehr teuren Projektsteuerer. „Wir haben ja in unserem Verein sehr viele Experten, Banker, Juristen, Baufachleute."

Denn schließlich ist es ein Ziel des Vereins, bezahlbaren Wohnraum für seine Mitglieder zu schaffen. „Meist sind die Gemeinschaftswohngruppen auf sich allein gestellt. Die Kommunen tun sich da schwer, obwohl die gemeinsam Bauenden einen großen Beitrag für unser soziales System leisten. Dem entgegenzuwirken, spornt uns jedoch an, denn es ist ja eine gute Sache, bezahlbaren Wohnraum zu schaffen, oder? Menschen, die nicht ins Pflegeheim müssen und ihren Lebensabend in einem GeWo-Haus verbringen, kosten unser Sozialsystem, also die Allgemeinheit, bedeutend weniger."

„Es gibt schon mal die eine oder andere Fluktuation,
wenn es menschlich nicht passt.
Aber das erledigt sich meistens von selber."

Ein Kuriosum am Rande des Hubland-Hauses Am Terrassenpark, das gemeinschaftlich von Eigentümern errichtet wurde: Vier interessierte Miet-Parteien haben sich ihre Kapitalanleger selbst gesucht! Wie üblich sind auch in diesem Fall die Bau- und Mietpreise deutlich niedriger als beim konventionellen Bauen: „Die Baukosten lagen bei 4.000 bis 4.300 Euro pro Quadratmeter je nach Lage der Wohnungen, die Mietpreise bei 490 Euro anstatt 600 beim Bauträger", berichtet Jürgen Klein.

Apropos Kosten: Der Vereinsbeitrag beträgt pro Jahr 40 Euro, für Paare 60 Euro. „Das Geld setzen wir z. B. auch bei unserem alljährlichen Sommerfest ein", lacht Jürgen Klein.

Wunsch nach flexibleren Behörden

Jürgen Klein

Passend zu seinem Optimismus lautet die Hauptaussage von Jürgen Klein: „Es gab immer für jedes Problemchen eine Lösung!" Es wurde bisher nur einmal eine Mediatorin benötigt. „Unser Vorstand und einige Vereinsmitglieder beraten und begleiten ja die Baugruppen und ihre Arbeitsgemeinschaften auch während der Bauphase. Da gibt es schon mal die eine oder andere Fluktuation, wenn es menschlich nicht passt. Aber das erledigt sich meistens von selber."

Was würde er sich wünschen, was kann verbessert werden? „Die Kommunen müssen flexibler mit ihren Bebauungsplänen werden. Vier Geschosse sind einfach besser als die meist genehmigten zwei bis drei. Ein GeWo-Haus ist aus meiner Sicht ideal mit 20 Wohnparteien."

„Es gab immer für jedes Problemchen eine Lösung!"

Der Verein beweist auch, wie nachhaltiges Bauen gelingt und wie sehr das langfristig den Geldbeutel entlastet. Jürgen Klein dazu: „Wir wollen Ressourcen schonend bauen in KFW 40 Energieeffizienzstandard, der unter anderem für niedrige Hausnebenkosten sorgt. Wir nutzen Erdwärme und Fotovoltaik, bauen in ökologischer Bauweise, meist Holz-Hybridhäuser, d. h. Holzständerbauweise mit Beton-Zwischendecken. Wichtig ist uns dabei eine ansprechende Architektur in zukunftsweisender, intelligenter, nachhaltiger und hochwertiger Ausführung." Das Haus in Karlstadt könnte, weil es im Hochwassergebiet liegt, auf Stelzen gebaut werden, also aufgeständert wie beim bekannten Haus am Dantebad in München. Unten entstehen so Parkplätze, oben drei oder vier Stockwerke für Wohnraum. Da kann das Main-Hochwasser kommen!

HR

Bautafel

„Am Terrassenpark 6", Stadtteil Hubland, 97074 Würzburg

Projektbeginn / Baubeginn / Fertigstellung:
Herbst 2021, Bezug im Frühjahr 2024

Anzahl der Parteien: 21

Rechtsform:
GbR / Eigentümer-Gemeinschaft

Kosten / Finanzierung, Name der Bank:
6,4 Mio. Euro inkl. Grundstück und Baunebenkosten / Raiffeisenbank Würzburg

Art des Bauprojekts:
Neubau Gemeinschaftsprojekt

Architekt:
Büro Rösch und Hanisch aus Würzburg, Hermann Wördehoff, Projektmitglied

Projektleiter:
Karlheinz Rösch und die Geschäftsleitung der Projektgruppe

Mediator-Begleiter:
Margarete Weidinger, Architektin aus Nürnberg

Philosophie:
Wohnen in Gemeinschaft, Jung und Alt

Besonderheiten:
- Gemeinschaftsraum
- Gemeinschaftsgarten
- Mobilitätsstation - in Planung
- Appartements zum Vermieten
- Werkstatt
- Waschkeller/-salon
- Tiefgarage
- KfW 40 Standard

Besondere Schwierigkeiten:
Die Baupreise haben sich um rund 10 Prozent während der Bauphase erhöht.

Besonders gut gelungen:
Die Stärkung der Gemeinschaft in der Bauzeit

Was noch realisiert oder besser werden soll:
Verschiedene Abläufe in den Projektgruppen sollen in Zukunft mit der Unterstützung des Vereins verbessert werden.

Praktische Tipps für Interessenten an einem Gemeinschaftsprojekt:
Gemeinschaftswohngruppen sollten sich unbedingt Rat von Experten holen, von Bankern, Juristen, Baufachleuten.

Ermutigungssätze für Menschen, die sich ein Gemeinschafts-Wohnprojekt wünschen:
Alle Beteiligten bekommen einen Mehrwert. Sie finden schon beim Einzug eine Hausgemeinschaft. Somit bleiben die Bewohner auch viel länger in ihren Wohnungen. Sie sind zufrieden und haben den Vorteil mitreden zu können. Es gibt keine Vereinsamung in einem Gemeinschaftshaus, denn da ist ja immer Leben!

www.wig-wue.de

Ende August 2023 war das Hubland-Haus noch eingerüstet.

Im Februar 2024 war Einzug.

Einziehen und gemeinsam wohnen

Das Oekogeno-Wohnquartier Zwischendörfer in Ehrenkirchen bei Freiburg

Nicht gemeinsam bauen, aber dann gemeinsam wohnen. Das ist das Konzept der Freiburger Genossenschaft Oekogeno. Die Genossenschaft wendet sich an Menschen, die nach gemeinschaftlichen Formen des Wohnens suchen, aber nicht (mehr) bauen wollen. Die in einem ökologischen Haus wohnen wollen, aber keine Zeit haben oder auch keine Lust verspüren, sich auf einen langatmigen Bauprozess einzulassen. Und die sicher sein wollen, dass ein Wohnprojekt auch zustande kommt und dafür gerne die Serviceleistungen eines Unternehmens in Anspruch nehmen.
Was deren Selbstverständnis und Zielsetzungen sind, worin der Service besteht und was das für ein Wohnprojekt und ihre Bewohnerinnen und Bewohner bedeutet, wenn die Bauphase, die in anderen Projekten so wichtig war, komplett von Externen übernommen wird, das soll im Folgenden geklärt werden.

Spannende soziale Experimente

Dazu treffe ich Simon Stott, Mitarbeiter von Oekogeno und zuständig für Vertrieb und Inklusionsmanagement. Und einen Bewohner des erst Ende 2022 fertiggestellten Zwischendörfer-Projekts in Ehrenkirchen bei Freiburg, Joachim Kolboske. Er, ein Ingenieur und engagierter Berufsschullehrer im Ruhestand, wohnt zwar erst seit ein paar Monaten hier, bringt aber viel Erfahrungen aus anderen Wohnprojekten mit. Seine Motivation und langjährigen Erfahrungen schildert er so:
„Im Alter von 50 Jahren begann ich mir Gedanken über meine Wohnsituation im Alter zu machen und zog in mein erstes Wohnprojekt. Die Entwicklung aller vier sehr unterschiedlichen Wohnprojekte, bei denen ich dabei war, habe ich als spannende

Der Spielplatz inmitten der Häuser ist ein Treffpunkt für Familien.

Vier Genossenschaftshäuser und in der Mitte ein „Marktplatz“

soziale Experimente einer Art `Selbstermächtigung` zu alternativen Wohnformen erlebt. Mit jedem Projekt bin ich gewachsen und habe überall (auch) harmonische Gemeinschaftserlebnisse mit Gleichgesinnten erfahren. Es waren aber immer vorübergehende, nicht dauerhafte Konstellationen. Mit der Verstetigung der Projekte etablierten sich Machtverhältnisse, die Mitglieder richteten sich in ihren Nischen ein, Tabus verewigten sich. Dann war es Zeit für das nächste (Projekt-) Abenteuer."
Joachim Kolboske hat schon 2017 ein längeres Interview über seine Erfahrungen in Wohnprojekten geführt, zu finden in Lisa Frohns Buch über Wohnprojekte. Er wohnt jetzt in einer Clusterwohnung, also in einer Wohngemeinschaft innerhalb des Wohnprojekts Zwischendörfer.

Mix aus Genossenschaft und Eigentum

Das Wohnprojekt in der kleinen Gemeinde Ehrenkirchen liegt im Breisgau, einer ländlichen Gegend an den Ausläufern des Schwarzwalds in der Oberrheinebene. Auf dem Grundstück sind in einem größeren Gebäude 31 genossenschaftliche Wohnungen entstanden. Daneben, zum Quartier gehörend, wurden von Oekogeno drei weitere Häuser mit 24 Eigentumswohnungen gebaut, die um einen als Garten mit Spielplatz gestalteten Innenhof gruppiert sind. Auch das eine Besonderheit: ein Mix aus genossenschaftlichem und auf Privateigentum beruhenden Wohnen. Wie passt das zusammen? Und, so fragt Simon Stott im Gespräch selbst, „steht das nicht in einem ideologischen Widerspruch zur Oekogeno-Philosophie?"

„Mit der Verstetigung der Projekte etablierten sich Machtverhältnisse."

Er erklärt dann erst einmal deren Ansatz. Die Oekogeno ging aus der Ökobank hervor, die 1988 gegründet wurde, aber 2001 ihren Geschäftsbetrieb einstellen musste. Aus dem Finanzinstitut, das schon genossenschaftlich organisiert war, wurde die „Öko-Genossenschaft" mit den Geschäftsfeldern Bauen und Wohnen,

regenerative Energien und nachhaltige Landwirtschaft. Kerngeschäft ist das genossenschaftliche Wohnen mit dem Ziel, bezahlbaren Wohnraum für gemeinschaftliches Wohnen nach nachhaltigen und ökologischen Prinzipien zu schaffen. Ein weiterer Schwerpunkt ist die Bereitstellung von inklusiven Wohnprojekten, also dem barrierefreien Bauen. Mit ihren 15.500 Mitgliedern bezeichnet sie sich selbst als eine der größten Bürgerbeteiligungs-Genossenschaften in Deutschland. Konkret heißt das, dass die Oekogeno in verschiedenen Regionen Grundstücke aussucht, kauft, baulich beplant und auch baut. Während dieser Zeit, die – bis zum Einzug – bis zu fünf Jahre dauern kann, fungiert sie als Bauherrin, als Bauträger und als Projektleitung. Finanziert wird diese Phase teilweise durch die „Dach-Genossenschaft", Bankenfinanzierung und Wohngenossinnen und -genossen, die durch die Einlagen das Eigenkapital für den Bau stellen.
Sie können auf verschiedenen Wegen zum Wohnprojekt stoßen: Sei es, dass es bereits eine Gruppe von Interessenten gibt, die bei der Oekogeno ein Wohnprojekt anstößt, oder, was wohl häufiger der Fall ist, das Unternehmen bewirbt und vertreibt die entstehenden Wohnungen am Markt.

> ***„Aufgrund der erheblichen Steigerungen der Baukosten und Zinsen ist der Anspruch auf bezahlbaren Wohnraum, also deutlich unter dem jeweiligen Mietspiegel-Niveau liegend, kaum noch einlösbar!"***

Simon Stott nennt die Vorteile: „Entscheidungen werden nicht in langfristigen Gruppenprozessen getroffen, sondern auf kurzen Wegen, die Bauweise ist einheitlich, die Qualität entspricht hohen Standards an nachhaltigem und energieeffizientem Bauen. Auch werden die Gebäude nicht nach kurzfristigen Erwägungen, sondern auf lange Sicht gebaut, auch und gerade im Hinblick auf die nötige Infrastruktur für inklusives Wohnen - sei es für das bedarfsgerechte Wohnen von Menschen mit Behinderungen heute oder perspektivisch für das Wohnen für ältere Menschen mit Einschränkungen."

Was den Anspruch betrifft, das alles kostengünstig zu bauen, so räumt er allerdings ein, dass „durch die erheblichen Steigerungen der Baukosten und Zinsen in den letzten drei Jahren Projekte deutlich teurer geworden sind. Deshalb ist der Anspruch auf bezahlbaren Wohnraum, also deutlich unter dem jeweiligen Mietspiegel-Niveau liegend, kaum noch einlösbar!" Aber, gibt Simon Stott zu bedenken, „wir schaffen noch Wohnraum, während viele Wohnprojekte derzeit nicht mehr zustande kommen, weil das Bauen zu teuer geworden ist. Und in zehn Jahren wird der Wohnraum der heutigen Oekogeno deutlich günstiger sein."

„AG Neue" und andere AG`s übernehmen

Tatsächlich hat die Genossenschaft schon zahlreiche Projekte realisiert, so in Freiburg, Furtwangen, Nürtingen und Waldshut-Tiengen. Die Entwicklung und der Bau der „Vaubanaise" in Freiburg gilt als das erste inklusive, genossenschaftlich geführte Wohnprojekt in Deutschland und wurde so zum Vorbild für inklusive Mehrgenerationen-Wohnprojekte.

> ***„Nach der Erstbesetzung der Wohnungen übergeben wir die Verantwortung für die anstehenden Gemeinschaftsaufgaben an die dort Wohnenden."***

Wie werden die 31 Wohnparteien im Genossenschaftsprojekt Ehrenkirchen ausgesucht? Simon Stott: „Bei der Erstbesetzung der Wohnungen liegt die Verantwortung noch bei uns. Danach übergeben wir sie an die dort Wohnenden, zum Beispiel in der `AG Neue'. Das ist eines der Gremien, die noch von der Oekogeno in Workshops angestoßen werden. Weitere Arbeitsgruppen sind zum Beispiel ‚AG Gemeinschaftsraum' und ‚AG Gartenpflege'." So sollen die Bewohner möglichst bald die anstehenden Gemeinschaftsaufgaben im Wohnprojekt übernehmen und damit auch die Verantwortung für das Gelingen des Zusammenlebens – während der Bauträger sich daraus zurückzieht.

Clusterwohnungen mit geteilter Küche

Die Erstauswahl der Bewohnerinnen und Bewohner durch Oekogeno sieht ein einstündiges Gespräch vor, „bei dem es darum geht herauszufinden, wie der oder diejenige zum Konzept und den Zielen einer Genossenschaft steht und ob er oder sie deren Werte teilt. Eine wichtige Rolle spielt dabei auch das Ziel einer sozialen Durchmischung der Wohngruppe: ob alt oder jung, ob alleinstehend oder familiär, ob mit oder ohne Migrationshintergrund. Ein weiteres Kriterium ist es, ob mit oder ohne Anspruch auf geförderten Wohnraum. An sogenannte „Best Agers" (Menschen um und über 60) richtet sich das Angebot von Clusterwohnungen, also Wohngemeinschaften, bei denen jeder sein eigenes Appartement mit Bad hat, aber sich mit den anderen eine große Küche und einen Gemeinschaftsraum teilt.

> ***„Hier kann man einziehen und sich wohlfühlen,***
> ***weil die soziale Durchmischung passt.***
> ***Dass man das so fertig gebaut und***
> ***gut vorbereitet vorfindet, ist ein Riesen-Geschenk."***

Wie gelingt das gemeinsame Wohnen in Ehrenkirchen? Zunächst machen meine beiden Ansprechpartner deutlich, dass es bislang nur wenig Berührungspunkte zwischen den Bewohnern der genossenschaftlichen Häuser und denen der Wohnungseigentümer gibt. Das könne sich aber durchaus noch ändern. Da gebe es noch zahlreiche offene Fragen, zum Beispiel zur Nutzung des Gemeinschaftsraums. Aber der Platz zwischen den Häusern samt Spielplatz sei natürlich für alle Bewohner des Quartiers zugänglich und als „Marktplatz" nutzbar.
Bezogen auf die Situation in den vier Genossenschaftshäusern meint Joachim Kolboske: „Eigentlich ist die Zeit seit dem Einzug im Januar 2023 zu kurz, um das konkret zu beantworten, zumal ja einige erst Monate später richtig eingezogen sind. Im Großen und Ganzen klappt das Zusammenleben aber schon ganz gut. Das liegt aber auch daran, dass wir hier eher ein Mittelschichts-Modell haben." Und weiter „Hier kann man einziehen und sich wohlfühlen, weil die

soziale Durchmischung passt. Dass man das so fertig gebaut und gut vorbereitet vorfindet, ist ein Riesen-Geschenk."

Hohe Erwartungshaltungen

Zur Situation in seiner Clusterwohnung äußert er sich kritisch: „Einige in meiner WG wissen noch nicht mal, was eine Genossenschaft ist. Wir hier sind prädestiniert dafür, Konflikte zu erzeugen. Das ist ein deutlicher Unterschied zum Rest vom Quartier." Die Frage, woran das seiner Meinung nach liege, beantwortet er so: „Die Erwartungshaltungen sind sehr hoch. Viele erwarten, dass sie hier ihr Glück finden, und zwar ganz emotional. Und dann ist es vorprogrammiert, dass sie das nicht vorfinden!"

„Tauchen Konflikte auf, sollen die vor Ort gelöst werden, gegebenenfalls auch durch Mediation."

Wie problematisch die Erwartungen an ein genossenschaftliches Wohnprojekt teilweise sind, bestätigt auch Simon Stott: „Die Erwartungshaltung an Oekogeno ist wirklich ein Problem. Da gibt es die Einstellung, wir haben ein Problem, und die in Freiburg sollen es richten." Dabei sei seine Botschaft an die Bewohnerinnen und Bewohner klar: „Tauchen Konflikte auf, sollen die vor Ort gelöst werden, gegebenenfalls auch durch Mediation."

Damit wird ein Grundproblem dieses Modells sichtbar: Während das Zusammenwachsen und der Lernprozess einer Gruppe von Menschen, die gemeinsam ein Wohnprojekt planen und bauen, schon in diesen Phasen intensiv stattfindet, setzt der Lernprozess hier erst später, nach dem Einzug in die Wohnungen ein. Das spricht nicht gegen das Modell an sich, aber das sollte man sich vorher bewusst machen.

Gefragt, was denn die Wünsche und Vorstellungen für die Zukunft sind, meint Simon Stott: „Wir bräuchten grundsätzlich eine staatliche Förderung für genossenschaftliche Wohnprojekte, weil sie eine Bereicherung für die Gesellschaft sind."

WE

Bautafel

Oekogeno Wohnquartier „Zwischendörfer", Kientzheimer Str. 2-4, 79238 Ehrenkirchen

Projektbeginn / Baubeginn / Fertigstellung:
5-7 Jahre, Fertigstellung: Ende 2022

Anzahl der Parteien:
31 genossenschaftliche Wohnparteien in einem und 24 Eigentumswohnungen in drei weiteren Gebäuden

Rechtsform:
OEKOGENO Hausgenossenschaft eG mit einem Angebots-Mix aus genossenschaftlichem und eigentumsbasiertem Wohnen

Kosten / Finanzierung, Name der Bank:
Finanzierung durch die Dach-Genossenschaft Oekogeno in Freiburg, Bankkredite und Einlagen der Wohngenossen

Art des Bauprojekts:
„Wohndorf" mit mehreren Häusern, Neubauten in einheitlicher Bauweise mit gesicherten Qualitätsstandards an nachhaltigem und energieeffizientem Bauen (Standard KfW 40 plus).

Projektleiter:
Oekogeno

Philosophie:
Günstiges, bedarfsgerechtes und solidarisches Wohnen für Menschen, die nach gemeinschaftlichen Formen des Wohnens suchen, aber nicht (mehr) bauen wollen. Weitere Ziele sind die soziale Durchmischung der Wohngruppen und die Inklusion, die über Barrierefreiheit und aktive Nachbarschaft gesichert werden soll.

Besonderheiten:
Oekogeno versteht sich als Dienstleister, der den künftigen Wohngenossinnen und -genossen das Bauen und die Erstorganisation abnimmt. So wurden schon zahlreiche Projekte realisiert: in Freiburg, Furtwangen, Nürtingen und Waldshut-Tingen.

Die sechs Clusterwohnungen sind für ältere Menschen gedacht, alle mit eigenem Bad und kleiner Pantryküche. Geteilt werden eine große Küche und ein Wohnraum.

Besonders gut gelungen:
Das gesamte Quartier und damit alle Wohnungen sind barrierefrei. Hochwertige Ausstattung. Durch nachhaltige Bauweise 60 Prozent weniger Energieverbrauch als üblich.

Was noch realisiert oder besser werden soll:
Ändern sollte sich die Haltung mancher Bewohnerinnen und Bewohner und deren Erwartungshaltung an die Oekogeno, sei es beim Auftreten von Konflikten oder anderen Problemen im Haus. Nicht „die in Freiburg sollen es richten", sondern die Wohngemeinschaft sollte selbständig Lösungen finden.

Besondere Schwierigkeiten:
Da die Erstauswahl der Bewohnerinnen und Bewohner durch Oekogeno erfolgt, lernen sich die Menschen erst nach dem Einzug kennen. Was also fehlt, ist das allmähliche Kennenlernen und Zusammenwachsen einer Wohngruppe im Planungs- und Bauprozess.

Ermutigungssätze für Menschen, die sich ein Gemeinschafts-Wohnprojekt wünschen:

- Mut, unterschiedliche Vorstellungen von Gemeinschaft und gemeinschaftlichem Wohnen auszuhalten. Denn gemeinschaftliches Wohnen mit sozialer Durchmischung ist ein idealer Lernort für die Gesellschaft, insgesamt toleranter zu werden.
- Wir sollten uns alle mehr trauen, in ein Wohnprojekt einzuziehen und uns mehr Konfliktfähigkeit zuzutrauen. Und wir sollten lernen, mit Konflikten konstruktiv umzugehen. Dann gelingt gemeinschaftliches Wohnen.

www.oekogeno.de

Joachim Kolboske, Bewohner, und Simon Stott, Oekogeno

Leuchtende Architektur: Beginenhof Berlin-Kreuzberg

Nur mit Frauen zusammen wohnen

Die Beginenhöfe in Berlin, drei Eigentümerinnen-Gemeinschaften dank Gründerin Jutta Kämper

Es war bei der Olivenernte in unserer Zweitheimat, den mittelitalienischen Marken: Wir standen im Oktober 2022 in einem steilen Olivenhain, kämmten die Oliven per Hand von den Bäumen und kamen ins Gespräch. Als ich von unserem Gemeinschaftswohnprojekt StadtNatur in München erzählte, horchte Vera Philippin, die Schwester des Olivenhain-Besitzers, auf: Sie wohne als Eigentümerin in Berlin auch in so einem Haus, dem Florahof in Pankow, der nur für Frauen gedacht ist. Oberbegriff: Beginenhof. Da war es an mir aufzuhorchen. Bin ich doch in Berlin geboren und hatte noch nie etwas von den Beginenhöfen gehört. Dabei gibt es gleich drei in Berlin und offensichtlich auch ein reines Frauenwohnprojekt in der Messestadt München-Riem, also quasi um die Ecke unseres eigenen Hauses.

> ***In der Beginen-Frauen-Gemeinschaft geht es um Solidarität, Selbstverwaltung, soziale Absicherung und Selbstentfaltung.***

Die Online-Recherche erzählte mir von Frauen im Mittelalter, die sich in Höfen und Konventen fern von Kloster und Ehe zusammentaten und karitativ tätig waren, bei Armen, Kranken und Sterbenden. Seit dem 12. Jahrhundert verbreitete sich diese spirituelle Bewegung in ganz Nordeuropa. Die Beginen haben sich eine für die damalige Zeit ungewöhnliche Selbständigkeit erworben. Und zwar nicht nur im pflegerischen und karitativen Bereich, sondern auch durch ihre professionelle Arbeit mit Leinen und dessen Verarbeitung, die sie zu Konkurrentinnen männlicher Gewerbe machten.

Außergewöhnlich: die „gewellte" Fassade des Kreuzberger Beginenhofs mit ihren bunten Fenstern

Auch heute findet man via Google zahlreiche Frauenwohnprojekte in ganz Deutschland – und in vielen anderen Ländern. Inzwischen ist die Spiritualität zugunsten von Begriffen wie Solidarität, Selbstverwaltung und soziale Absicherung abgelöst worden. Es geht um Selbstentfaltung in einer Frauen-Gemeinschaft.

Frauenrunde im Florahof

Den Weihnachtsbesuch bei meinen Verwandten in Berlin nutzte ich zu einem Besuch bei gleich zwei Beginenhöfen, dem ersten am Kreuzberger Erkelenzdamm und dem dritten und bislang jüngsten, eben dem Florahof. Fotografin Bärbel Maessen übernahm die Koordination und die Führung durch das Haus am Erkelenzdamm, in dem sie selbst eine der 53 Bewohnerinnen ist. Auch bei winterlichen Temperaturen wirkte die Dachterrasse einladend, ebenso begegneten sich bei unserem Rundgang viele Frauen freundschaftlich in den Laubengängen. Darunter auch die Initiatorin der Berliner Beginenhöfe: Jutta Kämper, Jahrgang 1933, war erkältet. Wir verabredeten uns für später im Jahr.
Zusammen mit Bärbel fuhren wir in den Florahof, wo uns Ute Wandschneider mit mehreren Frauen zu einer gemütlichen Kaffee-Plätzchen-Runde im Gemeinschaftsraum erwartete. Gekommen war auch eine Bewohnerin des Müggelhofs in Friedrichshain, dem „mittleren" Frauenwohnprojekt von der Entstehungszeit her: Beginenhof Einzug 2007, Müggelhof 2011, Florahof 2014. Hahn im Korb war mein Mann Michael Konitzer – und die Frauen stellten gleich klar, dass sie keinesfalls männerfeindlich seien. Natürlich dürfen Lebensgefährten zu Besuch kommen, und wenn Wohnungen vererbt werden, sind männliche Erben keineswegs ausgeschlossen. Wohnen dürfen sie in den Häusern auch. Im Beginenhof wohnen fünf Frauen, meistens Mieterinnen, mit männlichem Partner. Allerdings ist die Präsenz der Männer durchaus umstritten.

Wir erzählten euphorisch von unserer schönen Gemeinschaft in München-Riem und all unseren Aktivitäten und wollten die Erfahrungen der acht Frauen hören. Heraus kam ein zwiespältiges Bild. Positiv: Alle Frauen sind glücklich, nicht allein und einsam wohnen zu müssen. Je nach Alter und Charakter bringen sie sich unterschiedlich ein. Allen ist bewusst, dass sie hier keinen Anspruch auf Pflege erworben haben, wohl aber eine sichere Bleibe bis in den Tod. „In 16 Jahren haben wir schon sieben Todesfälle erlebt", berichtet eine der Frauen. „Die Gemeinschaft war immer in der Lage, dass die Bewohnerinnen ihre ganze Krankheits- und Sterbezeit im Haus verbringen konnten." Eine andere weist darauf hin, dass Pflegefälle für Kommunen viel teurer seien.

> ***„Die Gemeinschaft war immer in der Lage, dass die Bewohnerinnen ihre ganze Krankheits- und Sterbezeit im Haus verbringen konnten."***

Tatsächlich ist der Altersdurchschnitt von ca. 60 Jahren ein Problem. Wo immer alleinerziehende Mütter mit Kindern hinzukommen, kommt sofort mehr Leben in die Gemeinschaft. Einige der größtenteils nicht mehr berufstätigen Frauen freuen sich über den Nachwuchs, andere legen großen Wert darauf, dass sie ungestört für sich leben können. Eine Frau erzählt: „Vor fünf Jahren kam eine Frau aus den neuen Bundesländern in unseren Beginenhof am Erkelenzdamm. Sie hat ganz mutig ihr Kind hier bekommen und sich gleich im Beirat engagiert. Mein Kind hat 52 Omas, erzählt sie stets begeistert!"

Noch ein Problem: Die Corona-Pandemie hat manche gemeinsame Aktivität zum Erliegen gebracht. Ausnahme waren die Gartenarbeit und die gemeinsame Bepflanzung der Dachterrasse. Generell muss erst wieder Mut gefasst werden zu mehr Gemeinsamkeit. „Einige Frauen waren superängstlich", erinnert sich Vera. „Die haben Rücksicht eingefordert, und so haben wir die Abstandsregeln sehr streng gehandhabt." Im Beginenhof ist der Chor ebenso eingeschlafen wie die Schreib-Werkstatt. Inzwischen ist einiges wieder angekurbelt worden. Manche Bewohnerinnen sind allerdings inzwischen müde, immer wieder Motor und Anschieberin zu sein und andere mitzureißen, die sich nicht engagieren. Deshalb wurde im Florapark auch schon eine Mediatorin zu Rate gezogen, mit der zusammen die unterschiedlichen Wünsche der Bewohnerinnen abgeklopft wurden. Mein Mann und ich berichteten z. B. von unseren regelmäßigen kulinarischen Treffen in unserer Gemeinschaftsküche und hatten am Schluss der Gesprächsrunde das Gefühl, dass wir den Frauen diese und ein paar andere gute Ideen mit auf den Weg geben konnten.

Verdienstorden des Landes Berlin

Im August 2023 klappt ein Treffen mit Jutta Kämper in ihrer lichtdurchfluteten Wohnung mit Blick in den Park vor der auffälligen Fassade mit der bunten, wellenförmigen Glasfassade, entworfen von der Leipziger Architektin Barbara Brakenhoff. Jede der 53 barrierefreien Wohnungen zwischen 56 und 104 Quadratmetern hat eine Terrasse und eine Loggia; zu den Erdgeschosswohnungen gehört ein kleiner Garten. „Wir wohnen hier wie in einer Oase – und das mitten in der Stadt!", sagen die Bewohnerinnen, die ich treffe. Der Grünzug verläuft von der Spree bis zum Landwehrkanal. Der von Peter Joseph Lenné geschaffene Luisenstädtische Kanal, heute ein Park, und das Engelbecken stehen inzwischen unter Denkmalschutz des Landes Berlin. Hier kann nichts zugebaut werden.

> ***„Geschlechtergerechtigkeit und soziale Belange sind für Kämper wichtige Motivation.“***
> ***(Berlins Regierender Bürgermeister Kai Wegner)***

Mit nunmehr 90 Jahren spricht Jutta Kämper immer noch druckreif und lässt keine Frage unbeantwortet. Trotzdem möchte sie nicht mehr so sehr in der Öffentlichkeit stehen und war wohl auch nur schwer zu überreden, den Verdienstorden des Landes Berlin anzunehmen. Ihre 30-jährige Leistung hat nämlich Berlins Regierender Bürgermeister Kai Wegner im Oktober 2023 just mit diesem Orden gekrönt und dazu geschrieben: „Die Anfänge der ehrenamtlichen Arbeit

der heute 89-Jährigen zu Beginn der 1990er Jahre liegen im Wunsch, Wohnraum für Frauen in Not und für geflüchtete Mädchen zu schaffen. Geschlechtergerechtigkeit und soziale Belange sind für Kämper wichtige Motivation.
Jutta Kämper ist ein durch und durch positiv denkender Mensch. Ohne diesen Optimismus und ihre Hartnäckigkeit könnte sie heute auch nicht auf ein Lebenswerk zurückblicken, das ein wunderbarer Lichtblick in Berlin ist. In Berlin leben über 600.000 Frauen allein – und sind nicht zuletzt von Altersarmut bedroht. Da mögen insgesamt 98 bezahlbare Wohnungen für Frauen (53 Beginenhof, 25 Müggelhof, 20 Florapark) nicht viel erscheinen. Aber sie sind beispielgebend!

Rückblende: besetzte Häuser

„Berliner Hindernislauf – Der Weg zum Beginenhof in Berlin-Kreuzberg" heißt eine im Oktober 2019 von Jutta Kämper geschriebene 28-seitige Dokumentation, die wir hier zusammenfassen.
Ende der 70er Jahre, im Vorfeld der wegweisenden Internationalen Bauausstellung IBA 1987, kam Jutta Kämper nach Berlin. Aufgewachsen ist sie in Ost-Westfalen, in der Nähe von Bielefeld, hat bei der Sparkasse gelernt, geheiratet und vier Kinder bekommen. Vor ihrem Umzug nach Berlin arbeitete sie bereits auf dem Gebiet, das ihre Berufung werden sollte, nämlich in der „Gemeinwesenarbeit" in Hannover, wo es um den Abriss oder Erhalt der Häuser in Sanierungsgebieten ging. Sie hörte dort von den Sanierungsplänen des Berliner Senats in Kreuzberg. Denn damals stand der Abriss, etwa zu Gunsten der Stadtautobahn, im Vordergrund. Es gab viele Proteste in der Bürgerschaft und rund 100 besetzte Häuser.
Jutta Kämper, nun tätig im Sanierungsbereich Altbaubestand im Rahmen der IBA, fügte innerlich ein f in ihren Nachnamen ein und wandelte sich zur Kämpferin. Damals begann sie, sich in der Frauenszene zu engagieren, gründete den „Verein zur Förderung von Frauen in Bau- und Planungsberufen" und lebte selbst in Kreuzberg in einer Frauen-WG.

Grundstück und Architektin gefunden

1998, mit 65 Jahren, ging Jutta Kämper in Rente – aber von da an ging es erst richtig los mit ihrem Engagement für gemeinschaftliches Wohnen. Den Verein „BeginenWerk" hatte die überzeugte Feministin bereits zum Jahreswechsel Anfang 1992 gegründet. Ziel des als gemeinnützig anerkannten Vereins: Wohnraumversorgung von Frauen in Notlagen und Entwicklung innovativer Wohnformen für Frauen. „In den folgenden Jahren zur geschäftsführenden Vorsitzenden gewählt, widmete ich mich kontinuierlich unseren Vorhaben. Der Verein hatte schnell 40 bis 50 Mitfrauen. Die Mehrzahl von ihnen blieb der Idee und dem Verein über viele Jahre treu. Eine Grundlage, die für die Durchsetzung der Pläne eine große Rolle spielte."

Das Konzept der Architektin „FrauenWohnen im 21. Jahrhundert" beteiligte die zukünftigen Nutzerinnen von Anfang an.

Der Verein begab sich auf eine lange, wechselvolle Suche nach einem geeigneten Grundstück. 2001 schließlich legte das Bezirksamt seine Hand auf das Grundstück am Erkelenzdamm 51-57 und reservierte es für den BeginenWerk-Verein. Ein weiterer wichtiger Meilenstein war der später auch realisierte Entwurf der Architektin Barbara Brakenhoff. Sie hatte bei der IBA mit Jutta Kämper zusammengearbeitet (1982 bis 1987 Sozialplanerin mit dem Arbeitsfeld Stadterneuerung in Kreuzberg) und gewann nun 2002 den Wettbewerb gegen vier weitere eingeladene Büros. Ihr Konzept „FrauenWohnen im 21. Jahrhundert" beteiligte die zukünftigen Nutzerinnen von Anfang an bei der Planung für den siebenstöckigen Neubau mit einer Nutzfläche von 3.600 Quadratmetern. So entstanden drei Wohnungsgrundtypen mit 55, 75 und 105 Quadratmetern, deren Wände aber flexibel versetzbar waren, so dass schließlich 53 individuelle Wohnungen realisiert wurden – plus zwei Gästezimmer, die ein gemeinsames WC und Dusche haben. Im Flur gibt es einen Kühlschrank, eine Kaffeemaschine und einen Wasserkocher. Aber die jeweiligen Gastgeberinnen umsorgen ihre Gäste am liebsten selbst.

Gesprächsrunde mit Bewohnerinnen

Verdienstorden für Jutta Kämper

Vier Parteien an einem Laubengang

Gut gelaunte Frauen auf der Dachterrasse

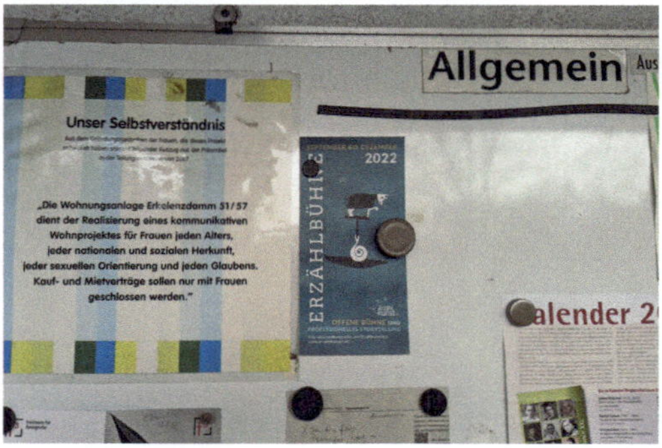

Info-Tafel für alle

Der „Salon" ist wandelbar

Stephanie Odenwald und Susanne Bauer

Ein holländischer Investor als Bauträger

Bis gebaut werden konnte, musste nun noch die Finanzierung geklärt werden. Das war schwierig – und die Berliner Bankenkrise 2001 verschärfte die Situation zusätzlich. Zur Erinnerung: Der wirtschaftliche Zusammenbruch der landeseigenen Bankgesellschaft Berlin bescherte dem Land Berlin Schulden in Milliardenhöhe. Der Skandal führte zum Sturz des damals Regierenden Bürgermeisters Eberhard Diepgen (CDU). In Folge dieser Krise gab es keine Kredite und öffentlichen Zuschüsse mehr für Genossenschaften. Tatsächlich kam die Lösung in Form von Eigentumswohnungen, an die zunächst niemand gedacht hatte.

„Seit meinem Einzug bin ich sehr glücklich hier."

Der Bauträger kam dann 2005 aus Holland: Die Immobilienfirma Kondor Wessels hatte nach der Wende Einfamilienhäuser im Speckgürtel Berlins gebaut sowie die holländische Botschaft in Berlin. Dem Vorstand in Amsterdam gefiel das Projekt und per Handschlag, ohne Vertrag wurde losgelegt. Auch die beiden Nachfolgeprojekte des Vereins wurden wegen des reibungslosen Ablaufs mit Kondor Wessels realisiert.

Im April 2006 fand der erste Spatenstich für die Eigentumswohnungen statt, Ende Mai 2007 waren alle Wohnungen vergeben, die Hausgemeinschaft vollständig. Als eine der letzten kam Susanne Bauer dazu. Die Islamwissenschaftlerin, Jahrgang 1960, hatte von dem Projekt in der Zeitung gelesen: „Es waren nur noch drei Wohnungen frei, als ich bei Jutta einen Termin im Bauwagen auf dem Gelände hatte", erinnert sie sich. „Mein Bruder, der Architekt ist, hat gleich gesagt: Da kannst Du nichts falsch machen. Und tatsächlich bin ich seit meinem Einzug im Dezember 2007 sehr glücklich hier."

Literaturkreis und Ausstellungen im Salon

Susanne ist in der AG Öffentlichkeitsarbeit engagiert und plant auch gern Veranstaltungen, wie ein Seminar zu KI 2024. „Wir wollen ja am Puls der Zeit bleiben. So hat etwa Patrick, der Partner von Anette, als Energieberater einen Themenabend Energie bestritten und uns erklärt, was sich hinter dem Gebäude-Energie-Gesetz, dem GEG, verbirgt. Da hat sich denn auch gleich eine AG für Solarzellen an Balkonen gebildet. Bisher hatte das nur eine Frau realisiert."

Ebenfalls sehr engagiert ist Stephanie Odenwald, die erst vor vier Jahren an den Erkelenzdamm gezogen ist. „Ich habe um die Ecke in einer WG gewohnt und kannte Gisela Notz, die hier den Geschichtssalon organisiert, zu dem auch viele Frauen von außerhalb kommen. Sie hat befürwortet, dass ich als Käuferin ausgewählt wurde." Stephanie, pensionierte Lehrerin für Politik und Wirtschaft und im GEW-Vorstand aktiv, leitet den Literaturkreis im Beginenhof. „Wir treffen uns einmal im Monat zu einer bestimmten Lektüre oder zu einem bestimmten Begriff. Letztens haben wir `Krieg` gewählt. Wir haben auch eine Ausstellungsgruppe und eine Suppengruppe. Die ist aber nicht fest, sondern lädt ab und an mal zu einer gemeinsamen Suppe ein."

> ***„Mit 10 Leuten im Haus verstehe ich mich wirklich gut.***
> ***Man muss ja nicht mit jeder beste Freundin sein.***
> ***Wichtig ist, dass wir im Austausch bleiben."***

Die Architektur des Hauses hat das Gemeinschaftliche sehr befördert. Zum Gespräch mit Stephanie und Susanne sitzen wir in der Sofaecke des Gemeinschaftsraums, der Salon genannt wird. An den Wänden des 60 Quadratmeter großen Raums hängen die Werke der aktuellen Ausstellung, angrenzend gibt es eine Gemeinschaftsküche mit zwei Abstellräumen. Wer den Raum für eine private Veranstaltung nutzen will, trägt sich in einem Kalender ein. „Sobald etwas Geld kostet, wie etwa ein Qi Gong-Kurs, muss der Raum bezahlt werden. Aber es sind freundschaftliche Preise." Wenn eine Frau Geburtstag feiert, ist oft das ganze Haus eingeladen.

Begegnungsort Laubengänge

„Wichtig für unser Zusammenleben sind unsere sehr großzügig gestalteten Laubengänge mit einer hohen Aufenthaltsqualität. Die stehen von Anfang an als Vorschrift in unserem Grundsatzpapier. Hier spielt sich viel Informelles ab." Immer vier Parteien haben Zugang zum Laubengang vor der eigenen Haustür. Man begegnet sich und ist offen, wenn jemand spontan etwa zu einem gemeinsamen Frühstück dazukommt.

Einige der Älteren haben eine schöne Form der Achtsamkeit füreinander gefunden. Sie stellen ein besonderes Zeichen vor die Tür, einen Blumentopf oder eine Schale, um zu signalisieren: Ich habe die Nacht gut überstanden, Ihr braucht Euch keine Sorgen zu machen!

„Es gibt aktive und passivere Laubengänge, je nachdem, ob die Frauen sich mögen", erzählt Stephanie. „Ich freue mich, dass meine Nachbarin den kleinen dreijährigen Anton hat, der besonders gern zu meiner anderen Nachbarin Ingrid geht, die 40 Jahre lang in New York gelebt hat."

Susanne ergänzt: „Mit 10 Leuten im Haus verstehe ich mich wirklich gut. Man muss ja nicht mit jeder beste Freundin sein. Wichtig ist, dass wir im Austausch bleiben."

So gab es auch dank des nahen Frauen-Computerzentrums, die sogenannte Digi-Parties veranstalten, im Salon einen Digitalkurs, zu dem jede Interessentin ihren Laptop und ihr Handy mitgebracht hat. „Sechs Tische waren vollbesetzt – und hinterher waren alle froh, sich ein bisschen sicherer im digitalen Raum bewegen zu können."

Gästezimmer und soziales Engagement

Auch die halb überdachte Dachterrasse ist ein gern genutzter Treffpunkt im Sommer. Hier hätten die Frauen noch zwei Wohnungen verkaufen können, aber sie wollten das Dach unbedingt als Gemeinschaftsfläche. Ebenso zwei Gästezimmer mit Bad. Die kosten ein kleines Salär von 5 Euro pro Nacht und werden über einen Kalender reserviert.

„In den Gästezimmern haben wir kostenlos Flüchtlinge aus der Ukraine untergebracht und versorgt. Lydia, die eritreische Frau mit zwei Kindern, die bei uns gewohnt hat, kommt immer noch einmal pro Woche in den Beginenhof, wo ich ihr zusammen mit Annemarie Deutsch-Unterricht gebe", berichtet Stephanie.
Viele Frauen tragen ihr soziales Engagement nach außen: Einige Frauen sind an der benachbarten Schule als Lesepatinnen und mit Nachhilfe aktiv. Andere unterstützen die Obdachlosenhilfe mit Kleidung, Nahrung und sonstiger Hilfe, die benötigt wird.

„Wir sind stolz, dass wir das Gemeinschaftliche haben."

Meinen Gesprächspartnerinnen ist bewusst, was Jutta Kämper da für ein Juwel geschaffen hat. „Wir sind stolz, dass wir das Gemeinschaftliche haben. Als Frauen-Gemeinschaft sind wir auch nicht ideologisch festgelegt, sondern es gibt unterschiedliche Orientierungen. Wir sind einfach Frauen unterschiedlicher Identität, die zusammen unter einem Dach wohnen. Es gibt eine Vielfalt von Beziehungen, so sind wir auch nicht gegen Männer, sondern empfinden sie als Gewinn." Wie aufs Stichwort ruft Stephanies Lebensgefährte an, der in Berlin in einer eigenen Wohnung lebt und gern in den Beginenhof zu Besuch kommt.

Und was schreibt Jutta Kämper als Fazit: „Heute denke ich, dass mit dem Beginenhof und seinen Folgeprojekten dank vieler aktiver Frauen ein Stück autonomen Frauenlebens gelungen ist, ohne kleinliche Abschottung, offen zu den nachbarschaftlichen Kiezen, voller Leben und unterschiedlicher Ideen und einem Zusammenleben in gegenseitiger Hilfsbereitschaft und Vertrauen – nicht zu vergessen die immer wieder neu zu hinterfragende Diskussionskultur."

HR

Die ungewöhnliche Architektur des Beginenhofs ist zu jeder Tages- und Nachtzeit ein Hingucker in Kreuzberg.

Bautafel

Beginenhof, Erkelenzdamm 51-57, 10999 Berlin-Kreuzberg

Projektbeginn / Baubeginn / Fertigstellung:
2001/ 2006 / 11. Oktober 2007

Anzahl der Parteien: 53

Rechtsform:
Verein Beginenhof während der Planungs- und Bauphase. Nun Gemeinschaft der Wohnungseigentümerinnen (WEG). Mit der Verwaltung des Hauses (Kostenabrechnung etc.) ist eine Firma beauftragt worden. Der von der Gemeinschaft gewählte Beirat (VB) fungiert als Bindeglied zwischen Hausgemeinschaft und Verwaltung.

Kosten / Finanzierung, Name der Bank:
frei finanziert, ursprünglich 2.100 bis 2.300 Euro pro qm / Rheinruhrbank

Art des Bauprojekts:
Neubau

Architekt:
Barbara Brakenhoff, Leipzig

Projektleiterin:
Jutta Kämper, BeginenWerk e. V.

Philosophie:
Präambel des Kaufvertrags: „Der Beginenhof ist ein Frauenwohnprojekt für Frauen jeden Alters, jeder nationalen und sozialen Herkunft, jeder sexuellen Orientierung und jeden Glaubens. Entsprechend der Idee gemeinschaftlichen Frauenwohnens und der Devise ‚Eigentum in Frauenhand', werden die Wohnungen nur an Frauen verkauft oder vermietet. Männer sind als Partner und Gäste willkommen.
Wir leben eine gemeinschaftliche Lebensform: Nicht allein, sondern gemeinsam, jede für sich und trotzdem miteinander verbunden, in einem nachbarschaftlichen Netzwerk, das auf Freiwilligkeit und gegenseitiger Toleranz beruht. Selbst ist die Frau: basisdemokratisch organisieren wir unser gemeinschaftliches Leben selbst."

Besonderheiten:
- Gemeinschaftsraum und Dachgarten
- Gemeinschaftsgarten
- 2 Appartements zum Vermieten
- Überdachter Stellplatz für 50 Fahrräder

Besondere Schwierigkeiten:
Anfangs das Finden eines Bauträgers

Besonders gut gelungen:
Dachterrasse und Laubengänge als Begegnungsstätten; weitgehend autofreies Wohnen, was durch die Berliner Aufhebung der in anderen Bundesländern immer noch üblichen Verpflichtung zum Nachweis (oder zur finanziellen Ablösung) von Stellplätzen möglich wurde.

Was noch realisiert oder besser werden soll:
Wir könnten mehr Gespräche über die Gemeinschaft führen und müssen unsere gemeinschaftlichen Aktivitäten nach der Corona-Pandemie wiederbeleben. Außerdem brauchen wir mehr jüngere Bewohnerinnen, etwa alleinerziehende Mütter mit Kindern.

Praktische Tipps für Interessenten an einem Gemeinschaftsprojekt:
Eigentum ist in Deutschland sehr gut geschützt, bietet aber leider auch Spekulationsmöglichkeiten. Es gilt abzuwägen, ob ein Genossenschaftsprojekt nicht besser wäre – insofern man es finanziert bekommt. Und schon beim Bau an Ökologie denken. Späteres Umrüsten wird teuer.

Ermutigungssätze für Menschen, die sich ein Gemeinschafts-Wohnprojekt wünschen:
Man muss die Bereitschaft und den Willen zur Gemeinschaft haben, dann klappt es schon! Wir entwickeln unsere Gemeinschaftskultur: Wir leben, reden, tanzen, feiern und lernen miteinander und üben uns darin, Konflikte konstruktiv auszutragen. Durch die vielfältigen Kompetenzen der Frauen entsteht ein belebendes und anregendes Angebot für die Gemeinschaft. Gemeinschaft ist möglich aber kein Zwang. Im Alltag unterstützen wir uns nachbarschaftlich und freundschaftlich.

www.beginenhof-kreuzberg.com
und
www.frauenwohnprojekte.de

Vom Luftschloss zum Vorzeigeprojekt

Genossenschaft wohnenPlus in Wangen, Allgäu - urbanes Leben auf einem alten Industriegelände

„wohnenPlus ist das soziale Herz des neuen ERBA-Quartiers," so der Oberbürgermeister von Wangen bei der Eröffnungsfeier im Februar 2023. Was das genau heißt, dem wollen wir vor Ort nachgehen. Schon der städtebauliche Rahmen ist spannend. Was hier entstanden ist und noch entsteht, ist nichts weniger als ein neuer Stadtteil, der ein altes Industriegelände wieder zu neuem Leben erweckt. Für eine kleine Stadt wie Wangen ein großes Projekt, noch dazu gekoppelt mit der Landesgartenschau Baden-Württemberg, die 2024 auf dem Gelände stattfindet.

Läuft man heute durch das Quartier voller erneuerter Industriearchitektur, so wirkt das richtig urban. Denn hier entsteht gerade sehr viel Neues, Anregendes, das Leben pulsiert. Das macht uns noch neugieriger auf das Wohnprojekt „wohnenPlus", das inmitten der schon renovierten Bauten und Baustellen zu finden ist.

Am Anfang: Sanierung von Arbeiterhäusern

Schon die Begrüßung ist sehr locker und unkompliziert: Als wir vor Ort eintreffen, wuseln viele Kinder um uns herum und Gisela Stetter und Andreas Skibicki heißen uns in dem schönen Gartengrundstück zwischen den Wohnhäusern willkommen. Wir sind gleich beim Du. Während Andreas, der gerade von der Arbeit kommt, sich erst noch um seinen Sohn kümmert, kommen wir mit Gisela gleich ins Gespräch. Sie ist von Anfang an, also seit 2010, aktiv dabei und langjährig im Aufsichtsrat tätig. Aktuell ist sie Ansprechpartnerin des Wohnprojekts für Interessierte wie mich.

Spielplatz und Begegnungsort: der Innenhof zwischen den beiden Häuserzeilen

Von den Anfängen erzählt sie: „Wir haben da viel geträumt und waren sehr offen für unterschiedliche Vorstellungen vom gemeinschaftlichen Wohnen. Das Wort ‚Luftschlösser' ist öfter mal gefallen." Umso erstaunlicher ist es, dass sie bei all dem leidenschaftlichen Engagement für ‚wohnenPlus' selbst nicht hier wohnt. Andreas hingegen wohnt mit seiner Familie, zu der zwei Kinder gehören, seit 2021 hier. Er ist IT-Experte, kümmert sich aber nicht nur ums Digitale, sondern auch um die Öffentlichkeitsarbeit und um die Schnittstellen zur Stadt und zur 2024 in Wangen stattfindenden Landesgartenschau. Er ist Mitglied im Vorstand.

„Das Ringen um die Arbeiterhäuser hatte uns als Gruppe zusammengeschweißt. Wir blieben geduldig und hartnäckig am Ball."

Der Clou bei diesem Wohnprojekt: Es entstand auf dem Gelände einer ehemaligen Industrieanlage, der großen Baumwollspinnerei ERBA. Diese hatte sich seit 1860 im Allgäu angesiedelt und war ein großer Arbeitgeber, bedeutend nicht nur für die Stadt, sondern auch für die ganze Region. Neben den Fabriken standen Arbeiterhäuser, ein eigenes Haus für Wöchnerinnen und auch eines für Rentnerinnen und Rentner. 1992 stellte die ERBA ihren Betrieb ein und in der Folge drohten die Gebäude zu verfallen. Im Jahr 2010 erwarb die Stadt Wangen das Gelände mit der Absicht, es für die Landesgartenschau zu nutzen und zu sanieren.

Auf die maroden Arbeiterhäuser wurde eine Gruppe von Interessenten für ein gemeinsames Wohnprojekt aufmerksam und begann 2014, aus eigener Initiative und mit Idealismus deren Dächer notdürftig zu flicken, um die Häuser vor dem Verfall zu bewahren. Zwar kam es anders und die Stadt Wangen sagte der Gruppe ein anderes Areal auf dem ERBA-Gelände mit Altbau und Neubauten zu. „Doch die ‚Luftschlösser-Phase' und das Ringen um die Arbeiterhäuser hatte uns als Gruppe zusammengeschweißt und dazu geführt, dass sie, allen zähen Verhandlungen und langatmigen Baugenehmigungen zum Trotz, geduldig und hartnäckig am Ball blieb", so Gisela.

Architekt als treibende Kraft

2014 erfolgte die Gründung einer Genossenschaft: ‚wohnenPlus' war geboren. Aus dem Traum war etwas Konkretes entstanden. „Treibende Kraft, sozusagen der Motor", meint Gisela, „war der Architekt Theo Keller, der von Anfang an an dieses Projekt und seine Realisierung geglaubt hat und auch klare Vorstellungen davon hatte, was für die Gruppe baulich sinnvoll, machbar und möglich war."

> ***Aktives Engagement für die Gemeinschaft wird großgeschrieben, aber auch Mitsprache, Mitbestimmung und Gleichberechtigung.***

Doch jedes konkrete Projekt braucht auch visionäre Ziele. Sie kann man in der Präambel von „wohnenPlus" nachlesen. So sollte den Mitgliedern sicherer, d. h. der Spekulation entzogener Wohnraum preisgünstig zur Verfügung stehen, gemeinschaftliche Formen des Zusammenlebens praktiziert werden, die der Vielfalt von Lebensformen und -abschnitten ebenso Rechnung tragen wie ökologischen Aspekten des Bauens und Wohnens. Aktives Engagement für die Gemeinschaft wird großgeschrieben, aber auch Mitsprache, Mitbestimmung und Gleichberechtigung.

Zu Beginn waren es zehn Gründungsmitglieder, heute sind es 187 (November 2023) - schon das eine Erfolgsgeschichte! Doch bis dahin war es ein langer und steiniger Weg. Was waren die Stolpersteine, wie hoch die Fluktuation? Was ist aus den hehren Zielen geworden? Werden sie im Alltag mit Leben erfüllt, wo gab und gibt es Reibungspunkte oder gar Krisen? Wie ging man mit denen um? Hatten sie einen Projektbegleiter oder eine Moderatorin?

„Solidarische Bieterrunde" zur Schließung der Finanzlücke

Dass es Probleme gab, kann man schon daran ablesen, dass „Vorstände kommen und gehen", wie es in einer Informationsbroschüre von „wohnenPlus" heißt. Ein gravierender Stolperstein war das Thema Finanzen, da die Finanzierung eines solch großen Projekts naturgemäß schwierig war. Ziel bei der Baufinanzierung war es, ein Drittel der erforderlichen Finanzierungssumme ohne Bankkredite zusammenzubekommen. Gerade im Hinblick auf die großen Wohnungen blieb allerdings bis zum Baubeginn offen, ob man dafür die nötige Anzahl von Familien ins Boot holen und damit die Finanzierung absichern könne. „Die Familien kommen erst, wenn man was sieht," meint dazu Gisela. Zwei Vorständen war das Ganze aber zu riskant, sie zogen sich deshalb zurück. „Das war eine echte Krisensituation, bei der es sehr hilfreich war, dass ein kürzlich beigetretener Genosse mit Finanz- und Moderationserfahrung bei deren Bewältigung helfen konnte."

„Diejenigen, die mehr geben können, geben auch mehr."

Eine weitere Herausforderung kam hinzu: War die Kalkulation anfangs auf 7 Millionen Euro ausgelegt, so stiegen die Baukosten auf 9 Millionen. Diese Kostensteigerungen erforderten eine Nachfinanzierung, für die sich die Finanzgruppe eine interessante Lösung einfallen ließen: Sie probierten zu diesem Zweck „eine „solidarische Bieterrunde" aus. „In einem - intern offenen - Verfahren wurde (Wohn-) Partei für Partei abgefragt, wer mehr Miete zahlen oder seine Einlage erhöhen könne", so Andreas. Da einige Parteien klarstellten, dass sie dazu nicht in der Lage waren, erhöhten andere daraufhin ihren Anteil, Schritt für Schritt. Drei Runden waren nötig, dann hatte man genau den erforderlichen Betrag zusammen.

Waren die Verantwortlichen der Genossenschaft „vorher sehr nervös, ob das funktioniert", so Andreas, war man nachher sehr erleichtert und alle zudem erfreut, dass das solidarische Prinzip „Diejenigen, die mehr geben können, geben auch mehr ", nunmehr Teil der Genossenschaft geworden war. „Konkret heißt das, dass unterschiedliche Parteien unterschiedlich viel für ihre Wohnungen zahlen", so Andreas. Um auf aktuelle individuelle Entwicklungen reagieren zu können, wird diese Bieterrunde jährlich durchgeführt, so dass „wenn man einmal erhöht hat, auch wieder die Möglichkeit hat zu reduzieren."

Ein erheblicher Betrag, nämlich 1,2 Millionen Euro, wurde von den nicht dort wohnenden Genossinnen und Genossen eingebracht.

Ein wichtiger Baustein für die Finanzierung war auch, dass neben den Pflichteinlagen der Mitglieder und den „nutzungsbezogenen Einlagen" (abhängig von der Größe der Wohnung) der Bewohnerinnen und Bewohner ein erheblicher Betrag von den nicht dort wohnenden Genossen eingebracht wurde, nämlich 1,2 Millionen Euro. Der Grund war nicht nur, „damit das Projekt zustande kommt", so Gisela, sondern auch, dass „sie sich mit dem Projekt identifizieren, sich als Teil der neuen Gemeinschaft begreifen".

Das zeigt aber auch, wie viel Sympathie „wohnenPlus" in und um Wangen entgegengebracht wird und wie hoch das Vertrauen der Genossinnen und Genossen in das Projekt ist. „Letztlich ist es ein Ausdruck von Solidarität", meint Gisela. Dass das so erfolgreich lief, liegt auch daran, „dass einzelne Genossinnen und Genossen in vielen persönlichen und öffentlichen Gesprächen für das Projekt geworben haben."

Bunte Vielfalt von Familien- und Lebensformen

Je näher der Baubeginn 2021 und vor allem die Fertigstellung im Sommer 2022 rückten, umso, um so attraktiver wurde das Projekt auch für junge Familien – die ja verständlicherweise einen anderen, kürzeren Planungshorizont haben. Heute wohnt dort nicht nur eine Gruppe von älteren Menschen, also vor allem diejenigen, die das Projekt entwickelt hatten, sondern es leben dort zahlreiche junge Familien mit vielen Kindern. Darüber hinaus gibt es kleinere Wohnungen, in denen kinderlose Paare, Ältere und Alleinstehende – auch Alleinerziehende – wohnen. Der Einzug der Jüngeren hatte zu einer, ja ausdrücklich gewünschten Veränderung der sozialen Dynamik geführt: zu einer bunten Vielfalt von Familien- und Lebensformen, darunter auch Menschen aus anderen Ländern und Kulturen.

Bemerkenswert: Für zwei Wohnungen wurde die Einlage von Genossinnen geleistet, die nicht selbst darin wohnen. Auch für die vier WG-Zimmer mit gemeinsamer Küche haben sich Menschen gefunden, die die Einlagen übernommen haben, weil dort junge Menschen unter 30 wohnen und verständlicherweise die Fluktuation größer ist. „Damit ist das Projektziel einer sozialen Durchmischung und der Anspruch eines solidarischen Wohnens ebenso eingelöst wie das einer Vielfalt von Lebensformen", meint Andreas.

Großzügiger Gemeinschaftsraum als Herz der Anlage

Tür an Tür nachbarschaftlich Wohnen ist das eine; das andere, wie gemeinschaftliches Leben im Alltag gelingt. Dazu gehören nicht nur die Aktivitäten von – spontaner oder geplanter – Nachbarschaftshilfe, sondern auch, ob die baulichen Voraussetzungen dafür gegeben sind, wie Gemeinschaftsräume und die gemeinsamen Außenflächen (Gärten und Spielplätze) genutzt und gepflegt werden.

> ***„Es wird regelmäßig gemeinsam gekocht, und es gibt ein monatliches Frauenfrühstück, zu dem auch die Nachbarinnen eingeladen werden."***

In zentraler Lage hat „wohnenPlus" einen großzügigen Gemeinschaftsraum mit gut ausgebauter Küche. Er gilt als das Herz der Anlage und wird für Treffen aller Art und Veranstaltungen genutzt. „Der Raum wird über einen digitalen Kalender beplant, um die Organisation und die Ausstattung kümmert sich eine AG", so Andreas.

Andreas Skibicki und Gisela Stetter

Gemeinschaftsraum mit Küchenzeile

Wohnen im Industrieareal

Terrassen im Erdgeschoss

Die Laubengänge vermitteln Offenheit.

Ein Beispiel: Bei einem vormaligen Besuch erlebten wir einen Abend, an dem eine Literaturpädagogin neue Bücher von der Leipziger Buchmesse vorstellte. Der kleine Saal war rappelvoll, die Lesung ausgezeichnet, die Atmosphäre und das Publikum, das sich rege einbrachte, war begeistert – auch wir.

Ein weiteres Beispiel: Andreas erwähnt, dass er nach unserem Gespräch noch einen Film zeigen werde. „Zudem wird regelmäßig gemeinsam gekocht und es gibt ein monatliches Frauenfrühstück, zu dem auch die Nachbarinnen eingeladen werden, das sehr erfolgreich läuft. Dennoch könnte", so Andreas, „der Raum noch mehr genutzt werden."

Weitere Gemeinschaftsräume für gutes Miteinander

Zu den Gemeinschaftsräumen gehören noch zwei Gästezimmer, ein Waschraum, eine Kreativ- und eine Holzwerkstatt, ein Gemeinschaftsbad, ein Büroraum mit Arbeitsplätzen - der an drei Parteien vermietet ist, die sich die Miete teilen - und ein großer Yogaraum, ein „Raum der Stille", der gut von Bewohnern genutzt wird und auch von Externen angemietet werden kann. Im Keller gibt's noch eine Sauna, einen „MusiKino"-Raum sowie eine Fahrradwerkstatt und den großen Fahrradkeller – den man, so der Tipp von Andreas, unbedingt sehr großzügig planen sollte.

„Der Einzug hier war wie ein Sechser im Lotto für uns."

Gefragt, ob der Anspruch eines gemeinschaftlichen Miteinanders jetzt im Alltag umgesetzt werde, meint Gisela: „Dazu muss man nur aus dem Fenster nach draußen schauen: Was da alles los ist! Für die Kinder, egal aus welchen Familienkonstellationen sie kommen, ist das hier ein Paradies mit offenen Türen." Das bestätigt auch Andreas, der mit seiner Frau zwei Kinder im Alter von vier und sieben Jahren hat. Eltern oder vor allem Alleinerziehende sind natürlich froh, wenn sie dadurch mehr Zeit für sich bekommen.
Dann zitiert Gisela eine ältere Dame, die ihr schönes Haus, in dem sie mit ihrem

Mann gelebt hatte, günstig an eine Familie verkauft habe, um mit ihm hier einzuziehen: „Das war wie ein Sechser im Lotto für uns!" Gisela ist überzeugt davon, dass „Projekte wie dieses angesichts der Alterspyramide, die schon mehr eine ‚Altersurne' geworden ist, gesellschaftlich dringend nötig sind".

Keine Hausordnung mit fixen Regeln

Nun gibt es im Gemeinschaftsleben unterschiedliche Ansichten, Meinungen, Verhaltensweisen und Lebensstile. Wird das in einer Hausordnung geregelt, was geht und was nicht? Andreas: „Wir haben uns ganz bewusst dagegen entschieden, uns von vorneherein eine Hausordnung mit fixen Regeln zu geben wie `Wann ist Nachtruhe'? Wir wollten einfach erst einmal schauen, was regelt sich in der Praxis von selbst (das meiste) und was muss dann wirklich noch geregelt werden (eher wenig)."

> ***„30 Wohneinheiten sind fast ideal. Je größer die Zahl, umso mehr ändert sich die soziale Dynamik."***

Andreas: „Ein wichtiger Erfolgsfaktor ist auch die Größe: 30 Wohneinheiten sind fast ideal, weil nicht zu groß und nicht zu klein." Auch andere Wohnprojekte, die noch in der Planung sind, sollen sich das gut überlegen. „Je größer die Zahl, umso mehr ändert sich die soziale Dynamik." Eine Wohnungsvergabegruppe suchte aus den Bewerbungen diejenigen aus, die sich überzeugend mit den Zielen identifizierten, Kriterien wie dem sozialen Mix entsprechen und damit gut zu dem Projekt passen.

Was klappt noch besonders gut? Andreas: „Baulich der Innenhof, der supergut gelungen ist, darin spielt sich das Leben ab und jeder fühlt sich wohl." Gisela: „Dass aus Leuten, die sich vorher nicht gekannt haben, eine echte Gemeinschaft entstanden ist." Sigrid, eine weitere Bewohnerin und ebenfalls im Vorstand: „Dass das Zusammenleben im Alltag gut klappt, man trifft und hilft sich."

Bauphase August 2020: Altbau-Renovierung und Neubau

Zu guter Letzt: Was möchtet Ihr anderen mit auf den Weg geben? Gisela: „Auf diesem langen Weg, ob er schließlich zum Ziel führt oder nicht, lernt man interessante Leute kennen, auf die man sonst nicht stoßen würde. Und man versorgt sich auf dem langen Weg mit Sauerstoff." Andreas ergänzt: „Ich versuche den Leuten Mut zu machen, Verantwortung zu übernehmen, gerade denjenigen, die sich eine Aufgabe erst einmal nicht zutrauen, wachsen dann oft gut rein."

WE

Bautafel

wohnenPlus Wangen, Spinnereigarten 8-10, 88239 Wangen im Allgäu

Projektbeginn / Baubeginn / Fertigstellung:
2014/2021/2023

Anzahl der Parteien: 30

Rechtsform:
Genossenschaft

Kosten / Finanzierung, Name der Bank:
8,9 Millionen, Umweltbank Nürnberg

Art des Bauprojekts:
ein Drittel Alt- und zwei Drittel Neubau. Bei dem renovierten Altbau handelt es sich um ein 150 Jahre altes Arbeiterhaus der ERBA-Baumwollspinnerei.

Architekt:
Theo Keller

Projektleiter:
Theo Keller

Philosophie:
Gemeinschaftlich leben, sich gegenseitig helfen und unterstützen und aufeinander achten

Besonderheiten:
Die Lage: Mitten im ehemaligen Industriegelände der Baumwollspinnerei ERBA. Zudem liegen die Gebäude auf dem Gelände der Landesgartenschau 2024 in Wangen.

- großer, gut ausgestatteter Gemeinschaftsraum mit Gemeinschaftsküche
- zwei Gästezimmer
- Waschraum
- Kreativ- und Holzwerkstatt
- Büroraum, dessen Arbeitsplätze vermietet werden
- großer Yogaraum, ein „Raum der Stille"
- Sauna
- MusiKino-Raum
- Fahrradwerkstatt.

Besonders gut gelungen:
Baulich der begrünte Innenhof zwischen den Häuserzeilen. Darin spielt sich das Leben der Kinder ab und er ist Treffpunkt für die Erwachsenen. Das Zusammenleben im Alltag, man trifft und hilft sich.

Was noch realisiert oder besser werden soll:
Die Nutzung des großen Gemeinschaftsraums und die Kontakte nach außen, zur Nachbarschaft. Carsharing ist angedacht.

Praktische Tipps für Interessenten an einem Gemeinschaftsprojekt:
Erfolgsfaktor Größe: 30 Wohneinheiten sind fast ideal.
Eine Hausordnung muss nicht sein, das meiste regelt sich in der Praxis von selbst.

Ermutigungssätze für Menschen, die sich ein Gemeinschafts-Wohnprojekt wünschen:
Man braucht einen langen Atem, man lernt aber schon auf dem Weg zum Ziel interessante Leute kennen. Mut machen, Verantwortung nicht nur für sich, sondern auch für andere zu übernehmen.

www.wohnenpluswangen.de

Mehrgenerationen-Wohnen in München wagnis1

Rigoletto

Nachbarschaftliches Mehrgenerationen-Wohnen in 7 Projekten

Elisabeth Hollerbach hat die Wohnbaugenossenschaft wagnis eG in München gegründet

Mut, Pioniergeist, Verantwortung, Gemeinschaft, Innovation – diese Schlagworte stehen auf der Homepage der Münchner Wohnbaugenossenschaft wagnis. Sie passen hervorragend zu ihrer Gründerin Elisabeth Hollerbach, die im Jahr 2000 mit 20 weiteren Mitgliedern wagnis gegründet hat. Der Name ist Programm! Denn damals war es ein Wagnis – heute eine Erfolgsgeschichte mit sieben bewohnten, belebten und begehrten Wohnanlagen mit jeweils mehreren Häusern in München. Zwei weitere gemeinschaftliche Wohnprojekte sind am Werden, aber hier schaut die 77-jährige Gründerin entspannt aus der Ferne ihrer schönen Wohnung im ersten wagnis-Projekt am Schwabinger Ackermannbogen zu. Hat sie sich doch 2015 als geschäftsführendes Mitglied aus dem Vorstand verabschiedet. Aber natürlich ist sie immer noch die Seele des Ganzen! Ihre ehrenamtliche Leistung ist 2017 mit der Medaille „München leuchtet" und im Mai 2023 mit der Verdienstmedaille des Verdienstordens der Bundesrepublik Deutschland ausgezeichnet worden.

„Unser Anliegen in der Wohnungsbaupolitik war von Anfang an die Mischung von frei finanzierten und geförderten Wohnungen für alle Altersgruppen."

Ich kenne Elisabeth Hollerbach vor meinem Besuch bei ihr im Sommer 2023 nur aus dem Fernsehen: 2020 hat das Bayerische Fernsehen in seiner sehenswerten Reihe „Lebenslinien" ein 45-minütiges Porträt über die wagnis-Gründerin gedreht. Sie winkt ab, als ich ihr davon auf ihrem Dachgarten erzähle. „Zu viel Bio-

Grüne Oase in München-Schwabing

graphisches, zu wenig über die Wohnprojekte", lautet ihr Kommentar. Man merkt: Sie will sich selbst nicht zu wichtig nehmen, die Sache an sich ist ihr wichtig, auch politisch. „Unser Anliegen in der Wohnungsbaupolitik war von Anfang an die Mischung von frei finanzierten und geförderten Wohnungen für alle Altersgruppen, darüber hinaus ein nachbarschaftliches Miteinander im Quartier. Partizipatives, gemeinsames Planen, Gestalten, Wohnen! Eine Genossenschaft kann aus einem großen Ressourcen-Pool aller Mitglieder schöpfen."

Mut zur Veränderung

„Elisabeth Hollerbach wollte schon immer Dinge selbst in die Hand nehmen und verändern", heißt es im Anmoderationstext zu dem noch in der Mediathek zu sehenden TV-Porträt. Tatsächlich ist ihre Motivation, etwas Neues zu wagen, auch aus ihrer Biographie erklärlich – und aus ihrem Lebensmotto: „Das ganze Leben ist Veränderung, und Veränderung macht nicht nur Spaß, sondern ist lebensnotwendig." Bei ihr persönlich gab es zahlreiche Veränderungen, die immer mit dem Ausbruch aus engen Verhältnissen einhergingen.

***„Das ganze Leben ist Veränderung,
und Veränderung macht nicht nur Spaß,
sondern ist lebensnotwendig."***

Die erste: vom Land (bei Wolfsburg) in die Stadt München ziehen und als gelernte Jung-Buchhändlerin dort in den „wilden" Schwabinger 68er Jahren einen Buchladen eröffnen. Die „Bücherkiste" von Elisabeth Schliebener, wie sie damals noch hieß, war mehr als ein Buchladen. Sie war Galerie und Nachbarschaftstreffpunkt für politische Diskussionen. Einer der Nachbarn war Karl Hollerbach, den sie 1975 heiratete und mit dem sie 1976 und 1979 zwei Töchter bekam.
Zweite Veränderung: Eine geplante Weltreise mit der Familie brach sie nach zwei Wochen ab, trennte sich von ihrem Mann, weil ihr alles zu eng wurde. Da hatte sie aber bereits den gesamten Hausstand und den Buchladen verkauft! Mutig lebte

sie ein halbes Jahr mit den Kindern im umgebauten Campingbus, bevor sie eine kleine Wohnung in München bezog und in die Buchbranche zurückkehrte: erst mit einer Arbeit bei einem Verlag und später wieder in ihrer alten Buchhandlung.

„Am Anfang stand die Idee des alternativen Wirtschaftens und Lebens in Gemeinschaft.“

Dritte Veränderung: Aus der gut funktionierenden Nachbarschaft, aber der Unzufriedenheit mit ihrer beengten Wohnsituation heraus wuchs die Idee, ein gemeinschaftliches Wohnprojekt aufzubauen. Sie wollte „Ein Zuhause für alle" schaffen, wie es später einmal in der Haus-Zeitschrift „Ackermannbote" hieß. So etwas gab es Ende der 90er Jahre noch nicht häufig. „Am Anfang stand die Idee des alternativen Wirtschaftens und Lebens in Gemeinschaft. Hinzu kam das Bedürfnis nach bezahlbarem Wohnraum und Veränderung der Wohnverhältnisse in der Stadt."

Sahnegrundstück am Olympiapark

Mit 54 Jahren gründete Elisabeth Hollerbach ihre Initiative zum gemeinschaftlichen und selbstverantwortlichen Wohnen, zunächst ohne Rechtsform. „Ich hatte viele Visionen und wollte neue Wege gehen. Anfangs dachten wir an ein Projekt mit 300 bis 500 Wohnungen auf dem ehemaligen Kasernenareal an der Ackermannstraße", lacht sie heute über ihren Idealismus. Kein Wunder, dass ihr und ihren Mitstreitern von der Stadt München zum Teil sehr misstrauisch und kritisch begegnet wurde. „Schaffen die das denn überhaupt?", war die gängige Meinung.

Aber nach Gründung der Genossenschaft wagnis fand sie auch Befürworter, darunter die Stadtbaurätin Christiane Thalgott, die im Lebenslinien-Film nur lobende Worte für die Initiatorin hat: „Das Grundstück am Ackermannbogen südlich des Olympiaparks war ein Sahnegrundstück", sagt sie. „Da kam Elisabeth Hollerbach mit ihrer bemerkenswerten Energie und warb dafür, dass ihre Ideen verstanden wurden. Sie ist den Zuständigen auf den Keks gegangen und das ist auch ihr Verdienst: Es war notwendig, uns auf die Nerven zu gehen, damit so etwas Außergewöhnliches entstehen konnte."

„Die Idee von gemeinschaftlichem, genossenschaftlichem, nachhaltigem Bauen und Wohnen war und ist attraktiv."

Das Gelände „Am Ackermannbogen" war Teil eines Städtebaulichen Entwicklungsplans für ein neues Wohnquartier mit ca. 2.200 Wohnungen. Aber von gemeinschaftlichem Wohnen war in keinem der Architekten-Wettbewerbe überhaupt die Rede. „Wir hatten damals kaum Rückhalt", erinnert sich Elisabeth Hollerbach. Fünf Jahre brauchte sie für die Genehmigung, einen Teil des ehemaligen Kasernengeländes, in dem sich Fuchs und Hase buchstäblich gute Nacht sagten, anders zu bebauen als ursprünglich vorgesehen. Interessenten für diese innovative, selbstbestimmte Art des Wohnens gab und gibt es genügend: „Wir haben kaum oder wenig Werbung gemacht. Aber die Idee von gemeinschaftlichem, genossenschaftlichem, nachhaltigem Bauen und Wohnen war und ist attraktiv." Die Genossenschaftsmitglieder zahlen Geschäftsanteile ein und bilden damit das Eigenkapital der Genossenschaft. Ihr Vorteil ist ein lebenslanges Wohnrecht, und mit einer entsprechenden Nutzungsgebühr decken sie Zinsen und Tilgung der Baudarlehen und sonstige laufende Kosten.

„Umlaufende Laubengänge sind ideal, damit sich die Menschen möglichst häufig im Alltag treffen."

Beim ersten Projekt mussten allerdings Kompromisse eingegangen werden: „Wir haben die Rahmenbedingungen mit der Stadt ausgehandelt und uns auf eine bestimmte Mischung aus frei finanzierten und geförderten Wohnungen eingelassen. Darüber hinaus gibt es auch Eigentümer in wagnis1, die ebenfalls Genossinnen und Genossen sind. Gemeinsam wurde das Eigenkapital von etwa 30 Prozent der insgesamt etwa 21 Millionen Euro Bausumme aufgebracht." Ende 2004/ Anfang 2005 konnten schließlich 92 Wohnungen bezogen werden, darunter 29 Eigentumswohnungen, in vier Häusern mit einem Lindenplatz in der Mitte und Laubengängen als verbindende Elemente. „Wir hatten uns im Planungsprozess die Frage gestellt, welche Wegebeziehungen es ermöglichen, dass sich die Menschen möglichst häufig im Alltag treffen. Dazu sind umlaufende Laubengänge nun einmal ideal."

Nachbarschaftsbörse und Zen-Meditation

Treffpunkte gibt es viele Am Ackermannbogen: den großen Gemeinschaftsgarten, das Café Rigoletto und nicht zuletzt das Büro und die Räume der Nachbarschaftsbörse – eine Idee, die bis dato ganz unbekannt war. „Unser Ansatz ist das quartiersorientierte Wohnen, das Einsetzen für Nachbarschaftliches. Wir leisten mit dem gleich zu Anfang gegründeten Verein wagnis, heute Verein Ackermannbogen e. V., soziale Arbeit im Quartier für Jung und Alt. Ein Kulturbüro ist entstanden, es gibt einen Bücherschrank uvm. Es geht um Vernetzung der Bewohnerinnen und Bewohner untereinander."

> ***„Man muss sich Zeit nehmen für die Gemeinschaft.***
> ***Der Mensch ist kein Solitär.***
> ***Er braucht Resonanz, um sich zu entfalten."***

Liest man die Angebote, bekommt man sofort Lust, mitzumachen: Spielgruppe, Mittagsbetreuung, Hausaufgabenprojekt, Lernhilfe, Repaircafé, Chorgemeinschaft, Workshops zu den Themen Biodiversität, Nachhaltigkeit oder „U60 – und was dann?", Tango-Kurs, Zen-Meditation, Hip Hop, Kinderturnen uvm. Bewerben sich neue Interessenten für eine Wohnung, werden sie auch gefragt: „Was kannst Du einbringen?" „Jeder hat die unterschiedlichsten Begabungen. Die Vorstellung, ich ziehe hier ein und dann bin ich versorgt, ist nicht in unserem Sinne. Man muss sich Zeit nehmen für die Gemeinschaft und sich bewusst machen, dass der Mensch kein Solitär ist. Er braucht Resonanz, um sich zu entfalten."

Vom Campingplatz-Gefühl zum Alltagsgeschehen

Funktioniert die Gemeinschaft auch nach fast 20 Jahren noch? „Die Anfangseuphorie ist größtenteils verflogen. Die Gemeinschaft ist vor allem am Anfang in der Zeit der Planung und des gemeinsamen Aufbaus zusammengewachsen. Wir waren ja eine Gruppe aus lauter Individualisten und von unterschiedlichster Herkunft mit den unterschiedlichsten Vorstellungen! Als wir dann einzogen, fühlte sich das an wie auf einem Campingplatz. Wir hatten nur noch kurze `Hausschuh-Wege` zueinander und trafen uns viel. Das ist jetzt natürlich nicht mehr so, es gibt auch ein Leben jenseits von wagnis. Die Kinder, die uns auch verbunden haben, sind groß geworden, neue Familien sind eingezogen. Aber da sind durchaus lebenslange Freundschaften entstanden."

„Neue Bewohnerinnen und Bewohner stellen sich auf einem Plenum vor, haben Paten an ihrer Seite, man lernt sich z. B. bei gemeinsamen Terrassen-Frühstücken kennen."

Und es gibt Alltagsaufgaben, die regelmäßig gemeinsam gemeistert werden: „Wir verwalten uns in vielen Bereichen selber. Nach bald 20 Jahren ist auch die Instandhaltung eine wichtige gemeinsame Aufgabe. Für alle Themen finden regelmäßige Plena statt, auch gibt es gemeinsame Feste und Frühstückstreffen. Neue Bewohnerinnen und Bewohner stellen sich auf einem Plenum vor, haben Paten an ihrer Seite, man lernt sich z. B. bei gemeinsamen Terrassen-Frühstücken kennen. Schön, dass es so lebendig ist!"

Gleich nach dem ersten Projekt hat Elisabeth Hollerbach mit Begeisterung das zweite in Angriff genommen, ab dann aber ohne Eigentumswohnungen:

Laubengänge sorgen für Begegnungen.

Elisabeth Hollerbach auf ihrer Dachterrasse

Die Nachbarschaftsbörse ist quartiersoffen.

Gemeinschaftsgarten hinter dem Haus

Ein Restaurant im Haus!

Rankhilfen vor der roten Fassade

Fahrräder gut verstaut

wagnis 2, ebenfalls auf dem Gelände am Ackermannbogen in Schwabing-West (Bezug 2006). Schlag auf Schlag folgten: wagnis 3 in der Messestadt Riem (Bezug 2009), wagnis 4 wieder auf dem wagnis-„Stammgelände" Ackermannbogen (Bezug 2014), wagnisArt am Domagkpark (Bezug 2016), wagnisPark im Prinz-Eugen-Park Oberföhring (Bezug 2019) und zuletzt wagnis Rio in der Messestadt Riem-Ost (Bezug 2021). Bei den drei letztgenannten hat Elisabeth Hollerbach sich aus dem operativen Geschäft zurückgezogen. „Ihre" fünf Wohnprojekte bieten in 18 Häusern insgesamt 425 Wohnungen und viele Gemeinschaftseinrichtungen.

Cluster-Wohnungen – Platz sparender Ort für Begegnungen

Bei wagnisArt zum Beispiel ist die Umsetzung einer Idee gelungen, die ihr sehr wichtig ist und die sie in der Schweiz, etwa in Zürich oder in Winterthur, beispielgebend umgesetzt erlebt hat: Cluster-Wohnungen. Hier teilen sich mehrere Parteien ein in der Mitte befindliches Wohnzimmer mit großer Küche. Ein idealer Ort für Begegnungen. Gleichzeitig können dadurch die Wohnungen kleiner sein. Schließlich geben die Richtlinien der Obersten Baubehörden immer weniger Quadratmeter pro Person vor, besonders bei gefördertem Wohnbau. Umso wichtiger sind gemeinschaftliche Aufenthaltsflächen wie etwa ein Waschcafé, eine Nähstube oder (Dach-)Gärten, Höfe, Brücken und Terrassen. In wagnisArt erlebt Elisabeth Hollerbach besonders viel Eigeninitiative: „Da gibt es wie auch in den anderen Wohnanlagen Projektgruppen (Kunst und Kultur, Musik, Veranstaltungen, Außenraum, Dachgarten, Organisation), aber auch besondere Initiativen wie z. B. den Ausbau und die Täfelung der Sauna mit Holz, Bau eines Brotbackofens im Garten uvm."

> ***„Wir haben schließlich eine große Verantwortung gegenüber den nächsten Generationen."***

Sie freut sich, dass die Stadt München das architektonisch besondere wagnisArt-Projekt im Norden Münchens sehr unterstützt hat, so dass u. a. auch energetisch viel realisiert werden konnte: Es sind zertifizierte Passivhäuser mit einem

Mieterstromkonzept, und es gibt Mobilitätsangebote mit Carsharing in der eigenen Tiefgarage. „Wir haben schließlich eine große Verantwortung gegenüber den nächsten Generationen, und in Sachen Nachhaltigkeit passiert immer noch viel zu wenig. Bereits 1972 hat uns der Club of Rome mit seinem Bericht `Die Grenzen des Wachstums' die drohende Klimakatastrophe vor Augen geführt."

Corona nachbarschaftlich gut überstanden

In allen wagnis-Häusern haben die Bewohnerinnen und Bewohner die Corona-Pandemie 2020/21 gut überstanden: „Wir haben auf den Laubengängen gesungen, uns mit Abstand auf den Dachterrassen getroffen und uns unserer Nachbarschaft versichert. Da war eine Geborgenheit vorhanden, die in einem anonymen Gebäude nie entstehen kann." Für die Zukunft wünscht sie sich mehr Gemeinschaftsprojekte in der Stadt mit besserer Architektur, begrünte öffentliche Wege und Verbannung der Autos aus der Innenstadt. „Das wird hoffentlich kein frommer Wunsch bleiben!" Sie selbst hat sich ihre grünen Oasen geschaffen – vor ihrer Haustür auf dem Dach und in Fahrrad-Distanz in einem weiteren Garten. Naturnähe hat sie schon 1979 zusammen mit ihrem Ex-Mann Karl Hollerbach mit dem Buch „Heilen und Kochen mit der Natur. Die besten Wildpflanzenrezepte" dokumentiert.

> ***„Man muss bereit sein, aus den eigenen herkömmlichen Vorstellungen herauszutreten und neugierig auf Neues sein."***

Und welchen Rat gibt sie Menschen, die sich für ein gemeinschaftliches Wohnprojekt interessieren: „Man muss bereit sein, aus den eigenen herkömmlichen Vorstellungen herauszutreten und neugierig auf Neues sein. Eine `Selbstverwirklichung in der Steckdose` darf es nicht geben. Auf dieses Detail kommt es ja nun wirklich nicht an. Wichtig ist das Ganze, die gute und nachhaltige Qualität der Wohnanlage und was wir miteinander daraus machen."

Elisabeth Hollerbach hat viele Ermunterungssätze parat: „Diese Art des Wohnens muss man sich trauen. Wichtig ist, sich aufeinander und auf etwas Neues einzulassen, das kann sehr bereichernd wirken. Gemeinschaft bedeutet auch immer Regelwerke aufzustellen, damit das Zusammenleben klappt. Gemeinschaft fordert uns, denn die Meisten von uns sind nicht mehr in Groß-Gemeinschaften aufgewachsen, haben lebendige Nachbarschaften selten erlebt. Man muss sich in einer Gemeinschaft auch immer Rückzugsmöglichkeiten erhalten, Grenzen ziehen und eigene Wege gehen können. Wenn Menschen Ideen gemeinsam entwickeln und ausführen, identifizieren sie sich ganz anders mit \`ihrem\` Projekt. Partizipation ist ein Schlüsselwort für ein gutes Gelingen."

> ***„Man muss sich in einer Gemeinschaft***
> ***auch immer Rückzugsmöglichkeiten erhalten,***
> ***Grenzen ziehen und eigene Wege gehen können."***

Am Schluss ihres „Lebenslinien"-Films sagt sie etwas, was für gemeinschaftliches Wohnen allgemein gilt: „Es war ganz viel Euphorie dabei. Es war anstrengend, aber vor allem spannend, interessant, lebendig."

HR

Bautafel

wagnis1, Schwabing-West, Ackermannbogen, Rosa-Aschenbrenner-Bogen 9, 80797 München

Projektbeginn / Baubeginn / Fertigstellung:
2000/2003/Anfang 2004/2005

Anzahl der Parteien: 92

Rechtsform:
Genossenschaft

Kosten / Finanzierung, Name der Bank:
21 Mio Euro Eigenkapital/Förderdarlehen/Bankdarlehen/Labo/SSKM

Art des Bauprojekts:
Neubau, Quartier mit 4 Häusern

Architekt:
A2architekten Stefan Lautner & Reiner Roth / Außenanlagen: Büro Freiraum, Johann Berger

Projektleiter:
Gerd Pelzer/Elisabeth Hollerbach

Philosophie:
„Visionen werden Wirklichkeit. In den bereits realisierten Projekten der wagnis kommen Menschen zusammen, die sich für ein nachbarschaftliches, ökologisches und selbstverwaltetes Wohnen und Arbeiten einsetzen. Sie planen, bauen und wohnen gemeinsam und entwickeln dabei eine gute Balance zwischen privatem und gemeinschaftlichem Leben. Die wagnis strebt ein soziales Umfeld an, das den Menschen nicht nur Möglichkeiten zu genossenschaftlichem und nachbarschaftlichem Engagement bietet, sondern auch Rückzug und Geborgenheit."

Als etabliertes Bestandsprojekt am Ackermannbogen ist das Projekt ein Ausgangspunkt gelungener Stadtteilentwicklung gewesen und auch heute eine lebendige Adresse im Quartier. 2008 wurde wagnis1 als eines von bundesweit sieben Modellprojekten in das Forschungsprogramm „Experimenteller Wohnungs- und Städtebau" (ExWoSt) aufgenommen. Außerdem erhielt das wagnis1-Projekt auch den „Preis Soziale Stadt 2008".

Besonderheiten:
- Mischung von geförderten und frei finanzierten Wohnungen für alle Altersgruppen
- Gemeinschaftsräume
- Gemeinschaftsgarten
- Gemeinschaftsterrasse
- Zentraler Lindenplatz
- Sauna
- Gäste-Appartements
- Büros
- Reduzierter Stellplatzschlüssel
- Photovoltaik-Anlagen
- Dachbegrünung
- Bewohnertreff (Nachbarschaftsbörse)

Besondere Schwierigkeiten:
Anfangs zähe Überzeugungsarbeit bei der Stadt München

Besonders gut gelungen:
Architektur, die Gemeinschaft fördert. Agreement mit der Stadt München, die ein Entgegenkommen mit den Bodenpreisen gezeigt hat und nun immer mehr Genossenschaften fördert..

Was noch realisiert oder besser werden soll:
Bürokratische Umgangsformen und Verkrustungen vermeiden, die nicht dazu einladen, Initiative zu ergreifen.

Praktische Tipps für Interessenten an einem Gemeinschaftsprojekt:
Diese Art des Wohnens muss man sich trauen. Wichtig ist, sich aufeinander und auf etwas Neues einzulassen, das kann sehr bereichernd wirken.

Ermutigungssätze für Menschen, die sich ein Gemeinschafts-Wohnprojekt wünschen:
Man könnte es mit Maria Montessori sagen: „Hilf mir, es selbst zu tun". Wir zeigen, wie es anders geht und wie gemeinschaftliches Wohnen das Leben bereichert.

www.wagnis.org

Grüne Lunge in der Münchener Messestadt

In der (Messe-)Stadt wie auf dem Dorf leben

Bettina Brömme lebt mit Mann und Sohn seit 2009 in der Genossenschaftsanlage „wagnis 3“ in München-Riem

Auf ihrer Homepage schreibt Autorin und Journalistin Bettina Brömme: „Ich lebe mit Mann und Sohn in München-Bullerbü.“ Für weitere Informationen verweist sie auf die Website der wagnis-Genossenschaft und fügt den Satz hinzu: „Ich bin mit ganzem Herzen eine genossenschaftlich Wohnende und kann dieses Modell nur wärmstens empfehlen.“

Kennengelernt habe ich Bettina, Jahrgang 1965, zuerst gar nicht persönlich, sondern als Empfehlung: In einem Seminar „Zeit zum Schreiben“ im schönen Volkshochschul-Haus Buchenried am Starnberger See empfahl mir Autorin Christine Ziegler den Kontakt zu Bettina. Sie würde mit einer Kollegin die Münchner Schreibakademie betreiben und wohne im Übrigen ganz in meiner Nähe, auch in „so einem Gemeinschaftshaus“. Bei diesem Seminar im September 2022 lernte ich übrigens auch meinen Mitautor Dr. Wolfgang Eckart kennen, der dort als Historiker seine Familiengeschichte vorstellte, die im Juli 2023 unter dem Titel „Die Spitzenfamilie“ als Buch erschien. Wir waren uns sofort sympathisch.

Akkordeon-Konzert auf der Dachterrasse

Sympathisch war mir auch Bettina von Anfang an, zunächst vom Foto auf ihrer Homepage. Aber das Kennenlernen fand erst ein knappes Jahr später statt, genauer gesagt am 22. Juli 2023 auf der Dachterrasse von wagnis 3: Der wöchentliche Veranstaltungs-Newsletter unseres östlichen Münchner Stadtbezirks Trudering-Riem kündigte einen französischen Abend mit Akkordeon-Virtuosin

Viel Grün auch im sogenannten Tiefgarten

Michaela Dietl an (danke an den Truderinger Kulturkreis und ihren engagierten 1. Vorsitzenden Dr.-Ing. Georg Kronawitter). Es war ein lauer Abend; spontan schwangen mein lieber Mann und ich uns auf unsere Fahrräder und fuhren die 3,7 Kilometer von uns zu unseren Messestadt-Nachbarn in der Heinrich-Böll-Str. 75. Angekündigt waren französische Chansons und Flammkuchen aus dem Holzbackofen, Eintritt frei, Spenden erwünscht.

„Unsere Porträtfoto-Aktion hat den Zusammenhalt enorm gestärkt."

Mit dem Aufzug fuhren wir in den 4. Stock und fanden eine sehr gut gefüllte Dachterrasse vor, deren Name „Orangerie" sich sogleich erschloss, als wir auf Bierbänken mit Blick auf die knallorange Wand saßen, vor der Michaela Dietl alsbald ein bayerisch-französisches Wohlfühlkonzert gab. Knallorange war später auch der spektakuläre Sonnenuntergang! Angekündigt wurde die Künstlerin von einer gut gelaunten Frau, die ich sofort als Bettina Brömme erkannte. In der Pause nutzte ich die Gelegenheit und sprach sie an. Die Verabredung zum Interview für dieses Buch folgte zeitnah für Anfang September 2023.

Fassaden mit Porträts und Silhouetten

Kultur ist ein verbindendes Element in den fünf Häusern von wagnis 3, wo 97 Parteien seit 2009 miteinander leben. Das sehe ich gleich bei meinem Rundgang mit Bettina. Denn gerade prangen überall überlebensgroße Porträts an den Fassaden. „Diese Aktion mit dem Titel `Gemeinsam anders: ein Viertel – viele Gesichter` war meine Idee", berichtet sie. „In München fand im zweiten Halbjahr 2022 die Ausstellung JR Chronicles in der Kunsthalle statt. Begleitend hat der französische Streetart-Künstler JR interessierte Münchnerinnen und Münchner zum Fotoshooting eingeladen und ihnen angeboten, mit ihren überlebensgroßen Porträts eigene Ausstellungen zu realisieren. Die 169 Porträts von Menschen aus der Messestadt sind bei unserem Hofflohmarkt am 1. Mai aufgenommen worden. Diese Aktion haben wir zusammen mit dem wagnis-Haus RIORiem vorn an der Willy-Brandt-Allee und Wogeno veranstaltet. Das Ganze hat den Zusammenhalt enorm gestärkt." Und nebenbei lernt man sich natürlich noch besser kennen als sowieso schon.

> ***„Ein junger Stadtteil wie die Messestadt braucht Angebote, bei denen sich Nachbarinnen und Nachbarn unkompliziert begegnen und kennenlernen können."***

Die meisten Bewohnerinnen und Bewohner leben nun schon 14 Jahre in wagnis 3 und haben viele künstlerische Gemeinschaftsaktionen mitgestaltet oder erlebt, die man immer noch sehen kann: bunt bemalte Eingänge oder eine Fassadenmalerei, die Streifenmuster mit Silhouetten der Bewohner verbindet. „Mein Nachbar Peter ist Künstler", erzählt Bettina. „Er hat die Entwürfe geliefert, über die wir dann zusammen diskutiert haben." Beim Fotografieren der Fassade kommt eine ältere Bewohnerin dazu und schwelgt mit Bettina sofort in der Erinnerung an 2009, als dieses Nähe schaffende Kunstwerk noch vor dem Einzug entstand.

Nachbarschaftswerk wagnis e. V.

Das Kulturangebot jenseits solcher Outdoor-Aktivitäten findet vorwiegend im 80 qm großen Gemeinschaftsraum im 1. OG über dem Restaurant der Anlage statt, das die Bewohnerinnen und Bewohner zwischendurch selbst betrieben haben, und das nun wieder an einen externen Betreiber verpachtet ist. Den Gemeinschaftsraum füllt das Nachbarschaftswerk wagnis e. V. mit Leben, das auch die wagnis-Werkstatt betreut, die wiederum von der Stadt München finanziell unterstützt wird. Ein Blick in den Kalender zeigt u. a. Kindertheater, Feldenkrais, Ballett oder auch „private Feier" und Ortsvereinssitzungen – plus wöchentliche Reinigungstermine.

Bettina Brömme ist seit 2016 Vereinsvorständin und von Anfang an engagiert in der Kulturgruppe, die sich aus Mitgliedsbeiträgen und Einnahmen von Veranstaltungen finanziert: „Ein junger Stadtteil wie die Messestadt braucht Angebote, bei denen sich NachbarInnen unkompliziert begegnen und kennenlernen können - dazu will ich sehr gerne beitragen", schreibt sie auf der Homepage des Vereins. Dieses quartiersübergreifende Nachbarschaftsangebot entspricht voll und ganz dem Gedanken von wagnis-Initiatorin Elisabeth Hollerbach (s. Interview mit ihr in diesem Buch). Zum Angebot gehört auch eine Bibliothek mit 6.700 Büchern, in der Lesungen oder Kinoabende stattfinden, und eine Fördergruppe, die sich um in Not geratene Bewohner im Quartier kümmert.

***„Es ist bei uns wie auf dem Dorf!
Wie in Astrid Lindgrens Bullerbü!"***

Der Brotbackofen, aus dem die köstlichen Flammkuchen beim Dachterrassen-Konzert kamen, war übrigens auch eine Idee, die gemeinschaftlich umgesetzt wurde. „Eine Nachbarin hatte auf ebay den mobilen Ofen entdeckt", erzählt Bettina. „Er sollte 2.500 Euro kosten. Wir suchten also 10 Familien, die jeweils 250 Euro spenden – und die Summe kam locker zusammen. So etwas finde ich großartig!", freut sich Bettina.

Begeistert dabei

Bettinas Begeisterung ist bei unserem Rundgang auf Schritt und Tritt zu spüren: „Es ist bei uns wie auf dem Dorf! Wie in Astrid Lindgrens Bullerbü!"Besonders gelungen sind die verschiedenen Höfe und Gemeinschaftsgärten, wobei es auch Einzelgärten gibt. Anfangs konnte sie sich allerdings gar nicht vorstellen, dass es in diesem Quartier eine so grüne Idylle geben könnte: „Mein Mann Dirk und ich wohnten mit unserem damals vierjährigen Sohn Henry im quirligen Schlachthofviertel in der Dreimühlenstraße. Wir sind sehr gesellige Menschen und hatten von wagnis 1 am Ackermannbogen gelesen. Aber mit dem Standort von wagnis 3 im vermeintlichen Ghetto der Messestadt Riem haben wir wie andere auch zuerst gefremdelt. Dann haben wir uns das ehemalige Gelände

Kultur auf der „Orangerie“- Terrasse

Bettina Brömme vor ihrem JR-Porträt

169 Porträt-Plakate auf den Aufzugsschächten

Kunstvolle Wandgestaltung

Ein Sandkasten für die vielen Kinder

Die drei Dachterrassen werden gern genutzt.

Statt Autos lieber Fahrräder

der Bundesgartenschau im Mai 2007 angeschaut, und da haben die Wiesen geblüht, der Riemer See hat geglänzt – und da wusste ich, dass die Umgebung stimmt. Hier konnte unser Sohn mit Freunden und Kumpels rumtoben, es ist ruhig, und die Verkehrsanbindung ist ideal – mit U-Bahn, Bus und Fahrrad kommst Du überallhin." Ein Auto braucht hier eigentlich niemand.

„Du findest hier immer Mitstreiter. Man hat nie das Gefühl, dass man allein zuständig ist. Immer wird geholfen."

Die Baugruppe hat sich 2006 gegründet, 2007 kamen die Brömme-Fretzens hinzu. „Dank der vielen Bautreffen haben wir uns alle von Anfang an kennengelernt. Elisabeth Hollerbach war als Projektleiterin rund um die Uhr dabei und hat uns in allen partizipativen Prozessen unterstützt. Wir wollten z. B. mehrheitlich unbedingt eine Bibliothek und eine Werkstatt, wodurch der Stellplatzschlüssel noch einmal verkleinert wurde. Auch sonst konnten wir uns einbringen. So war zwar die Vorgabe der Messestadt, dass alle Häuser hellweiß sein sollten, aber im mittleren Haus haben wir mit viel Eigenleistung doch eine Holzfassade errichtet." Und später die bunten Fassaden-Malereien hinzugefügt!

Überhaupt gab es viele Eigenleistungen, etwa bei der Bau- und Endreinigung – und auch heute noch bei der großen Treppenreinigung vier Mal im Jahr in Bettinas Haus. „Es war und ist viel Arbeit, aber es lohnt sich", sagt Bettina und fügt hinzu: „Du findest hier immer Mitstreiter. Man hat nie das Gefühl, dass man allein zuständig ist. Immer wird geholfen. Wenn eine ältere alleinstehende Mitbewohnerin z. B. Hilfe braucht, ist schnell jemand da. Und wenn ich im Chat rumfrage, ob mir jemand ein Waffeleisen borgt, werden mir in fünf Minuten gleich drei angeboten!"

Kostengünstig und energiesparend wohnen

Die Brömme-Familie bewohnt eine 94 qm große Wohnung mit vier Zimmern und Balkon. Mit dem damals geltenden München-Modell wurden für diese Wohnung Anteile in Höhe von rund 85.000 Euro inkl. Tiefgaragenplatz, also 800 Euro pro Quadratmeter, fällig. „Eine solche Wohnung hätten wir uns auf dem freien Markt nie leisten können." Hinzu kommt ein für Münchner Verhältnisse günstiges Nutzungsentgelt (Miete), das nach 14 Jahren erstmals erhöht wurde, weil etwa die Kredite ausgelaufen waren und erneuert werden mussten. Aufgrund der Passivhaus-Bauweise bzw. KfW 40 sind die Energiekosten niedrig – dank einer Solaranlage für Warmwasser und Heizung, einer kontrollierten Be- und Entlüftung und dreifach verglaster Fenster. „Die Fluktuation ist sehr gering. Eher tauschen Parteien intern ihre Wohnungen, etwa, um in einem Haus mit Aufzug zu wohnen."

> ***„Ich wohne total gerne hier und kann mir nicht vorstellen, noch einmal wegzuziehen."***

Viel wird verwaltungstechnisch in Eigenregie und damit kostensparend gelöst: „Zwei Nachbarn machen beispielsweise die Nebenkosten-Abrechnung", berichtet Bettina. „Klar ist natürlich, dass sich nicht alle engagieren. Es gibt einen Stamm von 40 bis 50 Leuten, die sind bei allem dabei, etwa bei unserem Ramadama zwei Mal im Jahr oder bei unseren Hoffesten mit Kuchenbüfett etc. Aber manche Nachbarinnen und Nachbarn sieht man nie bei irgendeiner Aktivität. Das ist natürlich schade, lässt sich aber wohl nicht ändern. Andererseits sind auch viele gute Freundschaften entstanden. Da gibt es zahlreiche Beispiele: Sechs Familien haben bereits zwei Mal einen Fahrradurlaub gemeinsam verbracht, oder einige Pärchen sind zusammen nach Paris gefahren. Ganz unkompliziert haben sich viele Gemeinsamkeiten herauskristallisiert, also etwa die Lust an Spieleabenden, am Wandern oder gemeinsamen Kochen. Ich wohne total gerne hier und kann mir nicht vorstellen, noch einmal wegzuziehen."

HR

„Brückenschlag“ von einem Haus zum anderen

Bautafel

wagnis 3, Messestadt-Riem, Heinrich-Böll-Str. 75, 81829 München

Projektbeginn / Baubeginn / Fertigstellung:
2006 / 2007 / Juni 2009

Anzahl der Parteien: 97

Rechtsform:
Genossenschaft mit drei Einkommensstufen

Kosten / Finanzierung, Name der Bank:
2,5-3 Mio Euro. 1/3 Bank, 1/3 Darlehen, 1/3 Einlagen, GLS-Bank

Art des Bauprojekts:
Neubau mit fünf Häusern

Architekt:
Bogevichs Büro, Architekten Rainer Hofmann und Ritz Ritze

Außenanlagen:
Keller, Damm, Kollegen - Landschaftsarchitekten

Projektleiterin:
Elisabeth Hollerbach

Mediator:
nicht nötig. Das Plenum tagt vier Mal im Jahr; die Treffen werden reihum von den einzelnen Häusern organisiert; dort gibt es einen Moderator/Protokollführer. Es gilt die einfache Mehrheit.

Philosophie:
Auch in diesem Bauprojekt werden die „klassischen" wagnis-Ziele verfolgt: Generationen übergreifendes Wohnen in lebendiger Nachbarschaft, wobei die Genossinnen und Genossen viel Raum für Eigeninitiative und Mitbestimmung haben.
Dadurch, dass in mehreren beieinanderliegenden Häusern Menschen mit ähnlicher, d. h. nachbarschaftlich-offener Grundeinstellung wohnen, wurde viel kreative Energie freigesetzt, um vielfältige Projekte zum gegenseitigen Nutzen zu verwirklichen, insbesondere in den zahlreichen Gemeinschaftsflächen.

Besonderheiten:
- Gemeinschaftsraum
- Gemeinschaftsgarten
- 3 Appartements zum Vermieten
- Werkstatt
- Bibliothek
- Restaurant
- Kinderspielraum
- Meditationsraum
- Fitnessraum
- Waschmaschinenräume
- Nachbarschaftstreff (von der Stadt München betrieben)
- Mobilitätsstation: Stadtauto und Lastenfahrrad

Besonders gut gelungen:
- Anordnung der Häuser mit zwei Hofbereichen (Stadthof und Tiefhof)
- kleiner Wasserlauf für Kinder, • drei Dachterrassen
- („Nein" der Baugruppe zu supergeilen Dachterrassen-Wohnungen)
- schön zugewucherter Gemeinschaftsgarten
- Dorfcharakter, man kennt und hilft sich

Was noch realisiert oder besser werden soll:
Die Utopie des gemeinsamen Wohnens hat auch unglaubliche Ansprüche hervorgebracht, die bei jeder Kleinigkeit zum Meckern führen. Im Ton schießen manche übers Ziel hinaus Das sollte sich ändern!

Ermutigungssätze für Menschen, die sich ein Gemeinschafts-Wohnprojekt wünschen,:
In einer Gemeinschaft findet man immer Mitstreiter. Man hat nie das Gefühl, dass man allein zuständig ist. Immer wird geholfen.

www.wagnis.org

Vielfalt leben auf Schweizer Art

Wohngenossenschaft Zimmerfrei, Haus StadtErle im neuen Areal Erlenmatt, Basel

„Die StadtErle ist nicht so einfach zu finden", schrieb mir Judith Cann. „Das Haus ist das einzige mit grüner Farbe im Quartier. Das Quartier ist fast autofrei". So orientiert, mache ich mich bei strömendem Regen auf den Weg zum Haus und gehe durch ein komplett neues Viertel, das da in Basel entstanden ist, das Areal Erlenmatt. Der Dokumentation, die sie mir zugeschickt hatte, konnte man entnehmen, dass dies früher einmal der Güterbahnhof der Deutschen Bahn auf Schweizer Boden war. Ein eher unwirtliches, großes Gelände also - im Norden und Osten grenzt es direkt an die Autobahn -, das da zum neuen Wohnort für viele Menschen werden sollte. Doch starke politische Kräfte sorgten dafür, dass nur ein Drittel der Erlenmatt zur Bauzone, der Rest zu Grünraum, Straßen und Plätzen wurde. Seither, 2007, sind dort 1.300 Wohnungen und mehrere hundert Arbeitsplätze entstanden.

Familiengründung zum Start

Mittendrin liegt das Projekt „StadtErle", architektonisch ein moderner, sechsstöckiger Beton- und Stahl-Bau, der von außen zunächst nicht ahnen lässt, welch interessantes Konzept des gemeinschaftlichen Wohnens hier realisiert wurde. Die Vorgeschichte: Drei junge Paare wollten in Basel Familien gründen und zusammenwohnen, doch sie fanden kein bezahlbares Haus. Da eröffnete sich die Chance auf dem Güterbahnareal. Die Stiftung Habitat hatte einen Teil davon gekauft und gab Land für Neubauten im Baurecht ab. Die Paare begannen, größer zu denken und entwarfen ein einfaches Konzept mit vier Leitbegriffen: Gemeinschaftlichkeit, Nachhaltigkeit, Selbstverwaltung, Suffizienz (Begrenzung des Ressourcenverbrauchs). Damit bewarben sie sich und konnten die Stiftung überzeugen. Sie gründeten eine Genossenschaft und

Die grüne Farbe charakterisiert das StadtErle-Haus.

unterschrieben die Absichtserklärung der Stiftung Habitat, auf der ihnen zugeteilten Parzelle innerhalb des vorgegebenen Zeitplans das Gebäude zu bauen. Die Wohngenossenschaft Zimmerfrei als Bauträgerin der StadtErle war geboren.

Von Anfang an dabei: Judith Cann, Hausärztin in einem Zentrum für Suchtkranke und Gründungs- und Vorstandsmitglied der Genossenschaft Zimmerfrei. „Gemeinsam mit dem Rest des Vorstands haben wir von 2013 bis 2017 das Projekt StadtErle geplant und gebaut. Seit 2017 wohne ich hier mit meiner Familie (Mann und zwei Kinder). Genossenschaftlich bin ich weiterhin im Vorstand aktiv. Mein aktuelles Ressort ist der Unterhalt des Gebäudes."

„Es braucht ein ganzes Dorf, um ein Kind aufzuziehen."

Auf meine Frage, was sie und ihren Mann motiviert hat, in einem Gemeinschaftsprojekt wohnen zu wollen, antwortet sie: „In der Phase der Familiengründung suchten wir nach einer größeren Wohnung. Wir schauten verschiedene an. Immer wieder wurde uns auf Nachfrage eine tolle Nachbarschaft angepriesen: ‚Von denen hören und sehen Sie nie etwas!' Nachdem ich diesen Satz mehrmals gehört hatte, merkte ich, dass mich das abschreckte. Eine für mich gute Nachbarschaft sieht anders aus, kann mehr. Auch der bekannte Satz: ‚Es braucht ein ganzes Dorf, um ein Kind aufzuziehen.' ploppte immer wieder in Gesprächen auf. Mittlerweile stimmt dieser Satz sehr für mich und gilt meiner Meinung nach in einer Weise auch für Erwachsene."

Öffentliche Workshops und Exkursionen

Es begann also mit der Vision, ein vielseitiges und nachhaltiges Gebäude zu schaffen, das den von der Stiftung Habitat gesetzten Zielen ebenso entsprach wie den Bedürfnissen der Menschen. Die Stiftung war und ist ein Glücksfall, setzt sie sich doch für ein nachhaltiges Wohnen mit Begegnungsmöglichkeiten und bezahlbaren Mieten ein.

Das Projekt StadtErle wurde durch einen intensiven, kollektiven Planungsprozess in Form von öffentlichen Workshops und Exkursionen – mit insgesamt 57 Veranstaltungen – entwickelt. Die Planungsphase war intensiv: Sie dauerte vom Beginn der Planung 2013 bis zum Einzug 2017. Dank straffem Zeitplan, so die Akteure, musste der partizipative Prozess stets produktiv bleiben. Zwar war die Fluktuation der Teilnehmenden groß, viele Interessierte sprangen wieder ab, aber das wurde nicht als Nachteil gesehen, förderte es doch eine offene, tolerante Diskussionskultur. Der Vorteil war, dass die realen Bedürfnisse der Interessierten einbezogen und dadurch die „Marktfähigkeit" garantiert werden konnte und die Hausgemeinschaft schon zusammenwuchs, noch bevor das Haus überhaupt stand.

> ***„Die Energie, die während der Planung in die Auseinandersetzung mit dem Projekt fließt, hilft, eine Kultur der Toleranz und Offenheit aufzubauen, die dann zur Basis für die Nachbarschaftlichkeit wird."***

Es gibt eine sehr ausführliche, 2020 erschienene Begleitdokumentation zum Projekt, aus der wir hier Lars Uellendahl zu Wort kommen lassen. Auch er einer der Gründer und Mitglied im Vorstand: „Die Energie, die während der Planung in die Auseinandersetzung mit dem Projekt fließt, hilft, eine Kultur der Toleranz und Offenheit aufzubauen, die dann zur Basis für die Nachbarschaftlichkeit wird: dass man sich kennt, Verschiedenheit akzeptiert, dass eine offene Gesprächskultur entsteht, Gruppen für neue Personen offenbleiben." Und weiter: „Würde sich die Hausgemeinschaft erst nach dem Einzug entwickeln, ginge das vielleicht auch. Aber es bräuchte viel mehr Zeit, und wahrscheinlich würden im Alltag Konflikte entstehen und wären belastende Lernprozesse nötig, bis es so funktionieren kann, wie es in der StadtErle von Beginn weg der Fall war."

Wie ist Afra Wuethrich, die zusammen mit ihrem Partner seit sechs Jahren hier wohnt, auf dieses Projekt gestoßen? „Ich hatte grundsätzlich eine positive Einstellung zu genossenschaftlichem Wohnen, aus einer politischen Grundhaltung heraus. Bei den ‚Basler Wohnprojektetagen' bin ich dann auf das Projekt aufmerksam geworden." Ob sie da gleich begeistert war? „Nein, das war ein etwa dreijähriger Entscheidungsprozess. Wir haben dann an verschiedenen Mitwirkungs-Veranstaltungen teilgenommen, vor und während des Bauens. Über das Kennenlernen der künftigen Bewohnerinnen und Bewohner hat sich der Wunsch entwickelt, da mitmachen zu wollen. Diese Vorbereitungsphase war sehr wichtig für mich."

Vielstimmiges „Echo" ohne Frontbildungen

Wer trieb den Prozess voran und wer traf die Entscheidungen? Hier half eine klare, pragmatische Aufgabenverteilung: Der Vorstand der Genossenschaft war Treiber des Prozesses und traf sämtliche Entscheidungen. Im Rahmen der Partizipationsveranstaltungen wurden Bedürfnisse abgefragt und Meinungen zu Ideen diskutiert. Es kam kaum zu Abstimmungen, dadurch zu keinen Verlierern und keinen Frontbildungen. Der Vorstand aber sicherte sich so ein vielstimmiges „Echo", aufgrund dessen er brauchbare Vorstellungen von Bedürfnissen von potenziellen Mitbewohnenden bekam.

> ***„Immer Humor bewahren, Fragen stellen, auf's Bauchgefühl hören. Insgesamt betrachte ich die Arbeit im Vorstand der Genossenschaft als große Bereicherung."***

Judith Cann beschreibt diesen Prozess so: „Im Vorstand besprachen wir vor allem strategische Punkte. Die Themen-Ressorts tauschten wir teils von Zeit zu Zeit. So war ich mal für den Bau und mal für die Vermietung und bin jetzt für den Unterhalt zuständig. Über die gesamte Zeit und weiterhin lernte/lerne ich viel bei dieser Arbeit. Vorausschauendes Planen, strukturiertes Planen, klare, transparente und direkte Kommunikation nach außen und innen, immer Humor bewahren, Fragen stellen, auf's Bauchgefühl hören ... Insgesamt betrachte ich die Arbeit als große Bereicherung."

Bunter Wohnungs- und Generationenmix

Wie unterstützt die Architektur das Gemeinschaftsleben? Erstens durch einen bunten Wohnungsmix: Neben Wohnungen für Familien, Paare und Singles finden sich in der StadtErle auch eine große Clusterwohnung mit 16 und eine Groß-WG mi 12,5 Zimmern. Spezielle Wohnungen fürs Alter gibt es nicht. Der breite Wohnungsmix mit vielen Kleinwohnungen begünstigte den Generationenmix, da Ältere, zumal wenn sie alleinstehend sind, weniger Platz brauchen. Zudem ist die StadtErle barrierefrei gebaut. Alle Wohnungen sind deutlich kleiner als in Neubauten üblich. Sie machen jedoch keinen spartanischen Eindruck, da die einfachen Grundrisse ohne Flure aufgeräumt und großzügig wirken. Allerdings mussten sich manche erst an die rohe industrielle Anmutung der Beton-Stahl-Architektur gewöhnen. War das Gebäude ursprünglich als Holzkonstruktion geplant, fiel diese dem Rotstift zum Opfer, weil es so drei Millionen Franken mehr gekostet hätte.

> ***„Ich genieße die kurzen Wege, bin mit dem Velo in zehn Minuten im Grünen und habe den großen Park gleich in der Nähe."***

Dazu Afra, die vorher in einem schönen Altbau gewohnt hatte: „Es war schon ein krasser Wechsel für mich. Vorher wohnte ich in einem gehobenen, feinen Stadtteil mit viel Grün. Aber an das ursprünglich unwirtliche Gelände mit Autobahnen etc. habe ich mich gewöhnt. Ich genieße die kurzen Wege, bin mit dem Velo in zehn Minuten im Grünen und habe den großen Park gleich in der Nähe. Allerdings war ich anfänglich sehr skeptisch, ob mir die Architektur gefällt. Ich hatte mir ein Haus aus Holz vorgestellt, wie es auch ursprünglich geplant war. Als das Holz durch Beton ersetzt wurde, war ich sehr enttäuscht. Das war das Einzige, was ich ästhetisch fast nicht ertragen konnte! Doch kaum war ich hier, lösten sich alle Bedenken in Luft auf. Ich fühlte mich sofort wohl".

Lobby in der Mitte des Hauses

Zweitens gibt es mehrere Gemeinschaftsräume, die im Erdgeschoss zu einer großzügigen Lobby zusammengefasst sind. Sie wurden besonders sorgfältig geplant, sind qualitativ hochwertig ausgestattet und wirken deshalb einladend und wohnlich. Die Lobby befindet sich in der Mitte des Hauses. Neben dem Gemeinschaftsraum liegen eine große, gut ausgestattete Küche und der Waschsalon. Hier trifft man sich. Weitere Treffpunkte sind die extrabreiten Laubengänge, die sowohl als möblierbare Erweiterung der Wohnungen dienen als auch dazu da sind, selbstverständliche Begegnungen zu fördern. Die Laubengänge ermöglichen durch ihre hohe Aufenthaltsqualität und als Durchgang zu den Wohnungen alltägliche Begegnungen ohne jeden Aufwand: sei es zum Plaudern, Spielen, Lesen, Arbeiten, für den Apero oder einem „Kannst du mir bitte mal kurz helfen?". Für die Kinder sind die Lauben ein Paradies.

Die Gemeinschaftsräume wurden besonders sorgfältig geplant und sind hochwertig ausgestattet.

Ein weiteres Highlight – im wörtlichen Sinn – ist die Dachterrasse. Sie ist mit Außenmöbeln und Hochbeeten bestückt und beherbergt eine einfache Außenküche mit Gasgrill. Auch hier trifft man sich, sobald es das Wetter zulässt, pflegt gemeinsam die Pflanzen und genießt die weite Aussicht auf die Umgebung. Auch die Außenanlagen im Innenhof sind gemeinschaftlich gestaltet und bieten Platz für Begegnungen und Aktivitäten.

Das Haus StadtErle wurde schließlich aufgrund seiner innovativen, auf gemeinschaftliches Wohnen ausgerichteten Architektur mehrfach ausgezeichnet: 2018 mit der Auszeichnung „Gute Bauten Basel-Stadt und Basel-Land" und im gleichen Jahr als „Best-Practice-Beispiel"im Schweizerischen Architekturmuseum.

Anteilscheine und Anleihenobligationen

Eine besondere Herausforderung bei der Finanzierung des Projekts war, wie üblich, die Beschaffung von Eigenkapital und zinsgünstigen Darlehen. Das Eigenka-

„Vorhang zu“ heißt: Ich mag jetzt keine Gemeinschaft.

Judith Cann, links, und Afra Wuethrich

Die Laubengänge sind wohnlich gestaltet.

Blick in den Innenhof

Die Wohnungen sind kleiner als üblich, aber geschickt geschnitten.

pital kam zustande aus den Anteilscheinen aller Genossenschaftsmitglieder, den Wohnungsanteilscheinen der Mietenden und aus freiwillig gezahlten Anteilscheinen und Darlehen von Einzelpersonen. Zimmerfrei legte verzinste Anleihenobligationen auf, gestückelt ab 10.000 Franken, die über Erwarten begehrt waren. Zwei größere zinsgünstige Darlehen, eines davon von einer privaten Basler Investmentgesellschaft, die ökologische und soziale Projekte fördert, sorgten dafür, dass die Projektkosten von insgesamt 14,1 Millionen Franken gedeckt werden konnten.

Für einen Neubau in der Stadt Basel sind die Wohnungen günstig. Um das Anliegen einer sozial durchmischten Bewohnerschaft zu unterstützen, hat Zimmerfrei einen Solidaritätsfonds eingerichtet, der sich aus monatlichen Beiträgen der Mietenden, freiwilligen Beiträgen und Spenden speist. Daraus kann der Vorstand Mieten reduzieren oder Darlehen für Wohnungsanteilscheine gewähren.

Weiterhin Anfragen von Interessenten

Ende 2017 war das Haus fertig, die Wohnungen konnten nach und nach bezogen werden. Seit Februar 2018 sind alle Wohnungen belegt, aber nach wie vor kommen wöchentlich Anfragen von Interessenten. Das Projekt ist attraktiv, viele wollen Teil dieser Gemeinschaft werden. Nach welchen Kriterien erfolgt die Wohnungsvergabe? Und wie gut gelingt die soziale Durchmischung?

> ***Vier Wohnungen wurden an die kantonale Sozialhilfe vermietet; darin wohnen nun Familien aus dem Iran, aus Algerien und Libyen.***

Da die Genossenschaft davon ausgeht, dass soziale Vielfalt eine nachhaltige Lebensweise erleichtert, wurden gemeinsam Kriterien für die Wohnungsvergabe entwickelt. Bemerkenswert ist, dass Vielfalt dabei mehr zählt als Verdienste für die Genossenschaft - eine konsequente Verfolgung des Ziels einer sozialen Durchmischung, die etwa der des Kantons Basel-Stadt entspricht! Zudem wurden vier

Wohnungen an die kantonale Sozialhilfe vermietet; darin wohnen nun Familien aus dem Iran, aus Algerien und Libyen. Damit ist der soziale Mix außergewöhnlich breit und die Altersverteilung ausgeglichen. Das ist nicht selbstverständlich im Hinblick auf die Situation in anderen neu gebauten Wohnprojekten, die zwar häufig das gleiche Ziel haben, in der Realität aber doch eine recht homogene Gruppe aus gut ausgebildetem Mittelstand dort wohnt.

Gleichgewicht zwischen Familie und Gemeinschaft

Wie wohnt und lebt es sich im Alltag in der StadtErle? Wie regelt die Hausgemeinschaft das Zusammenleben und wie geht man mit Konflikten um? Gibt es einen Druck, an der Gemeinschaft teilzunehmen?

Dazu Judith: „Wie die meisten mussten wir uns etwas ans Gemeinschaftliche im Haus gewöhnen. Gemeinschaftlichkeit braucht Zeit, die in unserem Fall von der Familienzeit zu viert abgeht. Plötzlich sahen wir unsere Kinder kaum noch, die waren im Kinderrudel im und ums Haus unterwegs. Dass das Rudel dann manchmal auch bei uns in der Wohnung ist, ist klar. Abends werden Kinder, Schuhe, Jacken gesucht und es dauert etwas, bis alle und alles wieder an seinem Platz ist. Erst freudig überrascht, nach mehreren Monaten dann etwas verzettelt, fanden wir mit der Zeit ein angenehmes Gleichgewicht zwischen Familie und Gemeinschaft. Ich schätze den ungezwungenen Austausch unter den anderen Eltern, aber auch den anderen Generationen sehr. Das gemeinsame Verwalten und Pflegen des Hauses fühlt sich gut und richtig an. Immer finden wir Personen, die unsere Kinder gerne mal hüten, so dass mein Mann und ich Zeit zu zweit finden. Ich erlebe die Gemeinschaft im Haus allgemein als ungezwungen, lebendig und bereichernd. Mal helfe ich anderen, mal helfen andere mir. Durch das Mit-Erfahren teils komplett anderer Lebensentwürfe reflektiere ich den meinen stetig, lebe bewusst, lerne, probiere aus, verwerfe, bleibe flexibel und lebendig. Möchte ich mal keine Gemeinschaft, ziehe ich die Vorhänge zu. Das wird rundum so akzeptiert."

Auch für Afra war die Nähe neu. „Ich kann mir aber aussuchen, wie viel Gemeinschaft ich will, wie viel ich zusammen tun möchte. Gleichzeitig kann ich mich in meine Wohnung zurückziehen, die Vorhänge schließen. Denn wenn sie zu sind, ist das das Zeichen, dass ich meine Ruhe haben will." Doch sie schätzt die sozialen Kontakte sehr, spricht von „Frischluft durch die Gemeinschaft" und freut sich, dass sie „hier auf junge Leute trifft, mit denen ich sonst nichts zu tun hätte". Ein alltäglicher Treffpunkt sind die Laubengänge: „Wenn ich da bin, bin ich – wenn's warm ist – draußen, ob zum Lesen, zum Wein trinken oder anderes. Da kommt immer jemand vorbei. Zudem sind unsere Eingangstüren dann immer offen."

Mittagstisch in der Gemeinschaftsküche

Zu den schönen Erfahrungen mit anderen zählt auch das regelmäßige gemeinsame Kochen für den Mittagstisch, das in der Gemeinschaftsküche in der Lobby stattfindet. Alle bringen Lebensmittel mit, dann werden zusammen Menüs gekocht. Auch das eine Form der Nachbarschaftshilfe: Die Schwelle, andere im Haus um Hilfe zu bitten oder seine Hilfe anzubieten, sei niedrig. Das gilt auch für das Teilen: Lebensmittel, Geräte und Fahrzeuge werden getauscht oder ausgeliehen.

Darüber hinaus engagiert Afra sich auch in diversen Arbeitsgruppen, so in der AG Fassadenbegrünung und Dachterrasse, AG Zusammenleben im Park und hilft gerade mit beim Aufbau einer AG Jugendliche. Zudem ist sie Teil der Leitung der Laubenversammlung.

„Es gibt hier ein bedingungsloses Wohlwollen, eine große Selbstverständlichkeit, dass man sich gegenseitig hilft."

Ähnlich äußert sich in der Begleit-Dokumentation Susanne Besset, die oft ihre Enkel hier hütet. Sie war anfänglich auch sehr skeptisch gegenüber der Architektur, heute kann sie darüber nur lachen: „Es gibt hier ein bedingungsloses Wohlwollen, eine große Selbstverständlichkeit, dass man sich gegenseitig hilft. Wenn man etwas braucht, klappt das meistens sehr rasch. Eine Überraschung war, dass ich hier plötzlich Kontakt zu allen Generationen hatte. Das hat frischen Wind in mein Leben gebracht. Damit hatte ich nicht gerechnet, denn ich wusste nicht, dass es eine so große Rolle spielen kann. Meine Wohnung liegt zwischen zwei Familienwohnungen, auf der Laube herrscht darum Betrieb. Es ist für mich eine große Bereicherung, dass ich ein Teil davon bin."

Selbstverwaltung mit vielen AGs

Die Laubenversammlung ist das Parlament der StadtErle und damit auch das Herz der Selbstverwaltung. Alle Wohnenden treffen sich dazu viermal im Jahr in der Lobby, um von den Arbeitsgruppen, von Mietenden und vom Vorstand über Belange des Hauses informiert zu werden, anstehende Themen zu besprechen und über das Zusammenleben zu diskutieren. Allein vier Arbeitsgruppen sind für die Gemeinschaftsräume verantwortlich. Damit gibt es für die Wohnenden viele Möglichkeiten, sich für ein gutes Zusammenleben zu engagieren. Fast alle sind Mitglied einer AG, damit liegt die Verantwortung für das Gebäude und die Gemeinschaft auf vielen Schultern.

„Die Vielfalt der Bewohnerschaft relativiert Alltagsprobleme."

Wie löst man aufkommende Konflikte? Lars Uellendahl meint dazu: „Reibungsflächen und Störzonen gibt es erstaunlich wenig." Und weiter: „Uns scheint, dass der Generationenmix oder überhaupt die Vielfalt der Bewohnerschaft Alltagsprobleme relativiert: Sonderwünsche, private Abneigungen und Vorlieben, die sich bei einer homogenen Mieterschaft zu einem Problem ballen können, betreffen hier immer nur einzelne. Man könnte sagen: Dank der Vielfalt der Menschen findet kein Problem eine Mehrheit. So bleiben die Probleme klein und können mit lokalen pragmatischen Lösungen geregelt werden."

Experimentierfreude versus Hausordnung

Und welche Regeln gibt es? Regeln werden erst gemacht, wenn sie nötig werden. Darum gibt es auch keine Hausordnung. „Regeln im Voraus aufzustellen, basiert auf der Angst vor Problemen und erstickt viele Möglichkeiten", erklärt Lars. Zimmerfrei setze lieber auf Experimentierfreude: ausprobieren und schauen, was geschieht – gepaart mit Entwicklungsfähigkeit. Das sieht laut Judith so aus: „Dinge nicht zu Tode planen, auch mal einfach machen, ausprobieren, lernen."

> ***„Ich wünsche uns weiterhin viel Ausgelassenheit, Energie, Mut, Toleranz und gegenseitiges Vertrauen."***

Was wünscht sich Judith für die Zukunft noch? „Immer wieder gibt es auch Konflikte. Bisher meisterten wir diese meiner Meinung nach jeweils sehr gut und gingen als Gemeinschaft gestärkt daraus hervor. Ich wünsche mir, dass das so bleibt. Es wäre nicht schön, wenn die Gemeinschaft mal einengend werden würde. So wünsche ich uns weiterhin viel Ausgelassenheit, Energie, Mut, Toleranz und gegenseitiges Vertrauen."
Womit wir bei dem wären, was sie anderen mit auf den Weg geben wollen.
Afra: „Was mir wichtig ist: Vieles ist hier veränderbar, nichts statisch. Alles ist in Bewegung." Und weiter: „Sich Zeit nehmen. Sich zurücknehmen, auch langatmige Diskussionen aushalten. Es lohnt sich am Ende!"
Judith: „Ich habe gelernt und lerne immer noch: Es lohnt sich, Energie aufzuwenden, um eine Vision erst im Kopf ausreifen zu lassen, dann mit Freunden durchzuplanen und danach in die Tat umzusetzen. Es lohnt sich, während dieses Prozesses immer wieder zur Ursprungsvision zurückzukommen. Es lohnt sich, während des Prozesses offen zu bleiben, unerwartete Wendungen gegenüber der Ursprungsvision zu spiegeln und sich bewusst dafür oder dagegen zu entscheiden. Es lohnt sich immer und überall, transparent, ruhig, einfach und direkt zu kommunizieren. Zusammen Gemeinschaft formen tut gut."

WE

Bautafel

„Zimmerfrei", Haus StadtErle, Goldbachweg 8, CH-4058 Basel

Projektbeginn / Baubeginn / Fertigstellung:
2013 / 2016 / 2017

Anzahl der Parteien: 32

Rechtsform:
Trägerin und Bauherrin Wohngenossenschaft Zimmerfrei, Baurechtsgeberin Stiftung Habitat

Kosten / Finanzierung, Name der Bank:
14,1 Mio. Franken, Basler Kantonalbank

Art des Bauprojekts:
Neubau

Architekt:
Buchner Bründler-Architekten

Projektsteuerung
Peter Baumann, Baumann Projektmanagement

Philosophie
Vier Leitbegriffe: Gemeinschaftlichkeit, Nachhaltigkeit, Selbstverwaltung und Suffizienz (Begrenzung des Ressourcenverbrauchs). Darüber hinaus ist die soziale Durchmischung der Bewohnerschaft ein zentrales Ziel, das auch erreicht wurde. Ebenso die Altersmischung: der Altersdurchschnitt liegt mit 31 Jahren deutlich unter dem kantonalen von 43 Jahren.

Besonderheiten:
- Gemeinschaftsraum mit großzügiger, gut ausgestatteter Küche
- Waschraum
- Dachgarten mit Hochbeeten, Außenmöblierung und Grillstelle
- breite, möblierte Laubengänge auf allen Ebenen
- Werkstatt

Besondere Schwierigkeiten:
Aus einem ursprünglich geplanten Holzbau wurde ein Betonbau

Besonders gut gelungen:
Allgemein das selbstverwaltete Miteinander

Praktische Tipps für Interessenten an einem Gemeinschaftsprojekt:
Sich Zeit nehmen. Sich zurücknehmen, auch langatmige Diskussionen aushalten.

Ermutigungssätze für Menschen, die sich ein Gemeinschafts-Wohnprojekt wünschen:
Zusammen Gemeinschaft formen tut gut! Es lohnt sich:
- Energie aufzuwenden, um eine Vision erst im Kopf ausreifen zu lassen, dann mit Freunden durchzuplanen und danach in die Tat umzusetzen.
- Im Laufe dieses Prozesses immer wieder zur Ursprungsvision zurückzukommen.
- Offen zu bleiben, unerwartete Wendungen gegenüber der Ursprungsvision zu spiegeln und sich bewusst dafür oder dagegen zu entscheiden.
- Immer und überall, transparent, ruhig, einfach und direkt zu kommunizieren.

Wohnobjekt, nicht Wertobjekt

Klinge 10 in Leipzig probiert eine Art Riesen-WG mit Unterstützung des Mietshäuser Syndikats

Man kann sich Hauke Altmann als glücklichen Menschen vorstellen, wie er da in Workerhosen und einem Sweatshirt mit Farbspritzern an verschiedenen Ecken der Klinge 10 herumwerkelt, dort etwas instand setzt, nochmals nachbessert, rückt oder schraubt und nach und nach dem Haus in Leipzig Plagwitz den letzten Schliff gibt. Auch wenn es nun so klingt, als ob Hauke Altmann eine zentrale Rolle zukommt, auch im Ausbau, ist er derjenige, der besonders betont, wie sehr gemeinschaftlich hier alles gemacht und entschieden wird. „Er kümmere sich einfach gerne um was", ein schöner Ausgleich zu seinem Job als Softwareentwickler, den er zum Teil im Homeoffice ausüben kann.

Die Bewohner sind kaufende Mieter und zahlen individuell so viel, wie es ihre Verhältnisse zulassen.

Jetzt, seit Dezember 2023, eben in seinem eigenen und dabei gemeinsamen Homeoffice, einem Neubau, der mit vertikalen Holzelementen besticht, zwischen denen gelbe Sonnenblenden wie hell winkende Blumen die Fassade durchbrechen. Im Treppenhaus sind Kinderstimmen zu hören und Altmann meint, dass es schön ist, wie man sich hier auch gemeinschaftlich um die 13 Kinder kümmert, insgesamt sind sie im Klinge 10-Komplex 28 Menschen, die in fünf Wohngemeinschaften wohnen.

„Noch ist alles neu, aber es fühlt sich schon sehr vertraut an", sagt Altmann, den das Konzept von Klinge 10 restlos zu überzeugen scheint. Er, der vorher

Dunkles Holz, recycled aus Betonverschalungen und Außenvorhänge wechseln sich ab.

jahrelang als Single in WGs gewohnt hat, hat nun auf einmal eine riesige Familie und 13 Kinder!

Konzeptvergabe für neue Wohnformen

Im Jahr 2017 hat die Stadt Leipzig zu einem Konzeptvergabeverfahren aufgerufen, um auf zwei Grundstücken im Stadtgebiet neue Wohnformen zu ermöglichen. Bewerben konnten sich Gruppen mit einem überzeugenden Konzept – und das Team der Klinge 10 bekam den Zuschlag für die Klingestraße 10. Die Zusammensetzung der Gruppe ist mehrheitlich akademisch, Familien, Paare, Alleinerziehende, Singles.

Was brachte sie zusammen? Die Idee von einem neuen Miteinander, ein gemeinsames Wohnobjekt, das für niemanden zum belastenden Wertobjekt werden soll. Die Eigentumsfrage stand nicht im Vordergrund, weshalb es auch zu dem Konstrukt kam, das Klinge 10 organisatorisch und rechtlich ausmacht.

So gehört das Ganze einer Haus GmbH, deren Gesellschafter und Gesellschafterinnen zur einen Hälfte der Hausverein und zur anderen Hälfte das Mietshäuser Syndikat sind. Diese Organisation ist seit 1983 Anlaufstelle für alternative Miet- und Eigentumskonzepte. Liest man in der Chronik des Syndikats, finden sich Sätze wie „Wenn Autonome mit Banken zusammenarbeiten“, „Vom Besetzer zum Besitzer“. Das Syndikat ist mittlerweile eine Institution für eigenverantwortlich realisierte Wohnkonzepte und tritt eben auch als Teilhaber von Hausvereinen auf.

„Niemand musste die Last allein tragen.“

Durch diese Organisationsstruktur, so Altmann, wird gewährleistet, dass es ein kollektives Gefühl gibt, kein Einzelbesitzertum. Die Bewohner des Objekts Klinge 10 sind kaufende Mieter und zahlen individuell so viel, wie es ihre Verhältnisse zulassen. Ist alles so gemeinschaftlich?

Alles nahe beieinander

Altmann führt durch zwei der fünf Stockwerke, auf denen die fünf Wohngemeinschaften leben. Zentral in jedem Stockwerk ist die gemeinschaftliche Küche samt Essplatzsituation. Von der Wohnküche gehen die Privaträume ab. Oft wird gemeinsam gekocht, jede Wohngemeinschaft kauft gemeinschaftlich ein, turnusmäßig ist damit jeder einmal dran, auch mit Putzen und anderen Tätigkeiten. Die Gemeinschaftlichkeit schließt auch ein Gemeinschaftsbad pro Stockwerk mit ein. Und dass alles im Kühlschrank allen gehört, ist Teil des Prinzips. Das muss man mögen und leben können.

Wenn man die Wohnküchen betritt, die übrigens alle unterschiedlich aussehen, herrscht geschäftiges Treiben, das sehr nach Urlaub wirkt, was vielleicht daran liegt, dass die Gemeinschaft zu dem Zeitpunkt noch keine vier Wochen zusammengelebt hat. Die privaten Zimmer sind bis zu 20 qm groß. Das ist nicht viel, und so gibt es Stauräume auf jeder Etage, wo auch die gefühlt 28 Waschmaschinen Platz finden. Ja, 28 Menschen produzieren viel Wäsche, Wäscheständer (28 ?) stehen in den Fluren, im Treppenhaus und der Duft frischer Wäsche mischt sich mit dem Geruch eines frisch gebauten Hauses und leichten Biomüllnoten. Vielleicht muss man eine gewisse Liebe zum Unperfekten mitbringen, wenn man sich auf so ein Gemeinschaftsprojekt einlässt, das ja nicht nur ein ideelles Konstrukt ist, sondern durchaus auch richtig Geld gekostet hat.

Grundstück in Erbpacht

„Einer allein hätte das nicht hinbekommen", so Altmann. „Das war nur möglich, weil wir uns mit der Kraft der Gruppe informiert haben, uns unterstützt haben und letztendlich niemand die Last allein tragen musste".

2,6 Millionen Euro haben sie aufnehmen müssen, um den Neubau zu stemmen. Sie hatten alles gut durchkalkuliert und letztendlich hat die GLS Bank sich kooperativ gezeigt, im normal schwierigen Rahmen, so Altmann. Klar war, dass es in Holzbauweise errichtet werden sollte. Das Grundstück wurde ihnen in Erbpacht überlassen.

Eigentlich ging das richtig gut und auch reibungslos, bis zu dem Augenblick, als sich herausstellte, dass der Boden verseucht war. Doch da war die Phase der Finanzierung schon abgeschlossen. Nun mussten 90 Tausend Euro zur Entsorgung des kontaminierten Bodens aufgewendet werden – Geld, das an anderer Stelle gefehlt hat, und man musste sich bei Verzichtbarem, beispielswiese bei der Fassadengestaltung, etwas einfallen lassen.

Kommt ein Mitglied in Notlage, springen die anderen ein.

Die preiswerteste Lösung war, Schalhölzer aus dem Betonbau zu verwenden, sozusagen in einem Recyclingakt. Darüber gab es dann in dem sonst so einigen Grüppchen durchaus Differenzen, denn die Optik der Schalhölzer reicht von Ebenholzfarben bis Vintagegrau und wirkt im Konzert sehr unterschiedlich, die Ästhetik des Gesamtgebäudes nicht mehr ganz homogen. Doch mittlerweile hat man sich wohl daran gewöhnt.

Tatsächlich fällt es nur auf, wenn man direkt vor der Verkleidung steht, auf die Ferne versendet sich das, und es symbolisiert ja auch ein wenig den Charme des Spontanen und Unperfekten, den solche Wohnformen unbedingt brauchen. Dass nun, da alle eingezogen sind, die Dachterrasse, der Garten und auch Teile vom Treppenhaus noch einen etwas provisorischen Eindruck machen, ist ein temporärer Zustand, der sich im Laufe 2024 ändern soll. Schließlich war beim Einzug Winter.

Barrierefreie Gewerbeeinheit

Teil des Gesamtkonzepts war auch, dass das Erdgeschoss Gewerbeflächen ausweist. Die werden für eine Physiopraxis genutzt, denn der Zugang ist barrierefrei. Apropos barrierefrei: Den Liftschacht gibt es zwar, aber noch keinen Lift. Man ist eben noch am Fertigstellen. Da es in Klinge 10 das Konsensprinzip gibt, wird es eventuell immer ein wenig dauern, bis Dinge fertig sind, aber wenn alle Bewohner so getaktet sind, dürfte auch das kein Problem sein.

Klinge 10 ist Blickfang in der Klingestraße.

Hauke Altmann

Offenes Treppenhaus mit Licht und Sichtbeton

Nistkästen an der Fassade

Helle Holzoptik in den Gemeinschaftsräumen

Pro Etage eine WG mit einer Küche

Alle zwei Wochen findet ein Gesamtplenum statt, in dem auch abgestimmt wird. AGs kümmern sich um Finanzen, Bau und Soziales. Kommt ein Mitglied in Notlage, springen die anderen ein. Monatlich zahlen alle in ein Mietausfallwagnis ein, damit die solidarische Miete nicht irgendwann einmal zum Wagnis wird.
Es ist ein Wohnkonzept, das nicht nur alternativ angegangen wurde, sondern auch alternative Strukturen hat. Ein wenig Bauernhof, ein wenig Kibbuz, ein wenig WG, ein wenig Wohnheim, ein wenig Club.

„Informieren, ausprobieren und eine starke Gemeinschaft bilden.“

Liebe zu Nähe

Fragt man Altmann, was er Menschen rät, die sich auf einen ähnlichen Weg machen wollen, antwortet er: „Informieren, ausprobieren und eine starke Gemeinschaft bilden." Auch das Prinzip, dass es eine GmbH gibt, die sich um Mieten und um Tilgung des Darlehens kümmert, ist hilfreich, damit wird der finanzorganisatorische Druck aus der Gemeinschaft genommen.

Gefragt, was passiert, wenn jetzt alle Bewohner noch Besuch von Freunden und Verwandten bekommen, scheint es noch keine Erfahrungswerte zu geben. „Trubelig ist es schon jetzt", so Altmann. „Besucher müssen sich eben darauf einstellen."

Man kann gespannt sein, wie sich das Gemeinschaftsleben in der Klinge 10 weiterentwickelt. Hier ist eben viel Konsens gefragt. Und viel Liebe zu Nähe. Die gemeinschaftlichen Grundrisse scheinen für die Bewohner gut zu funktionieren, bis jetzt zumindest. Aber es ist ja auch noch alle sehr neu. Aber wer schon den Bau eines Hauses gestemmt hat, den werden Alltäglichkeiten nicht aus der Fassung bringen.

CP

Bautafel

Klinge 10, Klingenstr. 10, 04229 Leipzig

Projektbeginn / Baubeginn / Fertigstellung:
2017 / 2021 / Dez. 2023

Anzahl der Parteien:
5 Wohngemeinschaften, insgesamt 28 Bewohner, davon 13 Kinder zwischen 2 und 17 Jahren

Rechtsform:
GmbH

Kosten / Finanzierung, Name der Bank:
2,6 Mio., GLS Bank, Zusammenarbeit normal schwierig, etwas hakelig. Aber die Art und Weise Eigenkapital einzubringen, fand die Bank gut.

Art des Bauprojekts:
Neubau

Architekt und Projektleiter:
Dirk Stenzel (Leipzig), ökologischer Holzbauspezialist

Philosophie:
Ökologisch. Es sollte kein Eigentum werden: Alle Mieterinnen und Mieter sind Mitglied im Hausverein. Hausverein und Mietshäuser Syndikat sind Gesellschafterinnen und Gesellschafter in der GmbH. Es soll nicht Wertobjekt, sondern Mietobjekt sein.

Besonderheiten:
- Gemeinschaftsraum
- Gemeinschaftsgarten/Dachterrasse
- Küche auf jeder Etage als
- Gemeinschaftsraum, darum gruppieren sich die privaten Räume, es gibt auf jeder Etage ein Gemeinschaftsbad.
- Werkstatt
- Praxis im EG mit eigenem, barrierefreiem Eingang
- Waschmöglichkeit auf jeder Etage
- Nistkästen, Zusammenarbeit mit dem Bund Naturschutz

Besonders gut gelungen:
- Gemeinschaftliche Grundrisse
- Junge Gemeinschaft: Erwachsene zwischen 26 und 52 Jahren, Kinder von 2 bis 17 Jahren

Was noch realisiert oder besser werden soll:
- Dachterrasse ausbauen
- Garten
- Treppenhaus
- Fahrstuhlschacht
- Gemeinschaftsraum im EG soll einmal Veranstaltungsraum werden

Besondere Schwierigkeiten:
Erbpachtvertrag. Erst nach Baubeginn hat sich herausgestellt, dass der Boden verseucht war. 90 T Euro zusätzlich mussten zum Entsorgen aufgewendet werden. Dann kamen der Ukraine-Krieg und die Verteuerung der Baustoffe, aber die Finanzierungsphase war bereits abgeschlossen.
Es sollte Holzbauweise werden. Verschalt wurde dann aus Kosten- und ökologischen Gründen mit recycelten Schalhölzern aus dem Betonbau. Hat Widerstand in der Gruppe gegeben, weil einige das nicht ästhetisch genug fanden.

Praktische Tipps für Interessenten an einem Gemeinschaftsprojekt:
Andere ähnliche Projekte ansehen, um zu Ideen zu kommen. Klinge 10 hat sich vorher beim Mietshäuser Syndikat informiert. Für Klinge 10 gilt Konsensvereinbarung.

Ermutigungssätze für Menschen, die sich ein Gemeinschafts-Wohnprojekt wünschen:
Man kann so ein Projekt nur gemeinschaftlich realisieren, aber man kann gemeinschaftlich auch viel erreichen, Probleme werden verteilt und lasten nicht auf einem einzelnen.

So macht es Klinge 10
- Alle zwei Wochen Gesamtplenum
- Alle zwei Wochen AG-Treffen, Finanzen, Sozial, Bau
- GmbH treibt die Mieten ein
- GmbH bedient die Tilgung des Darlehens
- Es gibt die monatliche Abgabe des Mietausfallwagnis
- Solidarische Miete, jeder zahlt, was er kann
- Kühlschrank: alles wird gemeinschaftlich eingekauft (Einkaufsdienst) und genutzt
- Rollierender Putzdienst

www.klinge10.de, www.syndikat.org, www.netzwerk-leipziger-freiheit.de

12 Einfamilienhäuser in einer Hülle

Interview mit den Architekten und Bewohnern des Baugemeinschaftshauses „Am Flaschenhals“ in Berlin

Wie sucht man ein Titelbild für ein geplantes Buch? Man kennt entweder jemanden, der vom Fach ist, sieht sich im eigenen Netzwerk um – oder googelt. Bei der Eingabe „Illustration Gemeinschaft" fand ich just während eines Besuchs in meiner Heimatstadt Berlin die Berliner Agentur Publicgarden. Für eine Firma hatte eine Mitarbeiterin eine Gemeinsam-Kampagne entworfen, und da fiel mir ein Motiv auf, das mich inspirierte. Ich mailte die Agentur an, schilderte kurz mein Projekt und meine Cover-Idee: „Eine Gruppe von unterschiedlichen Menschen lässt ein Haus steigen, das aussieht wie ein Ballon, anstatt wie in dem vorhandenen Motiv eine Glühbirne." Und siehe da, nach nur zwei Entwürfen hatte ich unser Titelbild!

Architektenpaar wohnt im Haus

Bei der Rechnungstellung schrieb mir dann Agentur-Chefin Martina Murtfeld: „Wir sind natürlich gespannt, wann das Buch erscheint! Da ich selbst, gemeinsam mit 12 Parteien, in Berlin ein Mehrfamilienhaus geplant/gebaut habe, bin ich doppelt interessiert." Was für ein glücklicher Zufall! Ich googelte das Projekt „Am Flaschenhals" in Berlin-Schöneberg und stellte fest, dass wir zu Weihnachten zufällig eine airbnb-Wohnung gemietet hatten, die fünf Minuten Fußweg entfernt lag. Ich musste nur über die Langenscheidtbrücke spazieren und war da. Geplant, getan. Kurz vor Weihnachten trafen wir uns in der Wohnung von Martina Murtfeld. Mit dabei: ihr Ehemann Stefan und das Architektenpaar Axel Klotzbach und Annette Isringhaus, Inhaber des akai-Büros für Architektur und Gestaltung, die ebenfalls in dem 2011 bezogenen Haus wohnen.

Sonnige Wohnungen mit Süd-Blick

Die 120 qm-Wohnung des Ehepaars Murtfeld liegt im 4. Stock mit wunderbarem Blick über Berlin. Bodentiefe Fenster inkl. Wintergarten bringen viel Licht in das großzügige Wohnzimmer mit der offenen Küche. Die Wohnung ist sehr individuell eingerichtet, eine Wand ziert etwa eine Foto-Collage von Martina Murtfeld mit einem Raben auf einem Ast. Die kreative Ader der Internet- und Design-Agentur-Inhaberin ist unübersehbar. Tatsächlich ist das Haus auch von den Wohnungsgrundrissen her ein sehr individuelles. Anders als in unserem Münchner StadtNatur-Haus haben die Bedürfnisse der Eigentümer die Architekten zu mancher Umplanung veranlasst. „Die Dachgeschoss-Wohnung z. B. hatten wir ursprünglich zu groß geplant", erzählt Axel Klotzbach. „Auch die Finanzkrise 2008 hat eine Umplanung erfordert. Nun sind es zwei Einheiten geworden." Neun Eigentümer haben 2008 das Baulücken-Grundstück vom Land Berlin im Erbbaurecht gekauft, drei kamen später noch dazu, weil drei Interessenten vorher abgesprungen sind.

Zahlreiche Individualisierungswünsche

„Eigentlich haben wir 12 Einfamilienhäuser gebaut, die in einer eigenen Hülle sitzen", lacht der Architekt und meint damit nicht nur die vier Maisonette-Wohnungen. „In der Baugruppe danach sind die Wünsche nach Individualisierung noch ausgeprägter gewesen", ergänzt Annette Isringhaus. „Aber tatsächlich hat jede Partei für ihre Wohnung z. B. eigene Fliesen ausgesucht oder Sonderwünsche gehabt wie raumhohe Türen."

> ***„Ich sage schon mal zu der Gruppe: Das eingesparte Bauträgergeld müsst Ihr Euch erarbeiten und mitarbeiten."***

„Ein paar Sachen würde ich heute anders machen", sagt Hausherr Stefan dazu. „Einiges, dass uns wichtig war, hat sich als sehr unpraktisch erwiesen, wie z. B. die eckigen Design-Türdrücker, an denen man ständig hängen bleibt. Und wir hätten viel mehr Steckdosen planen müssen. Tatsächlich muss man wohl zwei Mal im Leben bauen, dann weiß man nach dem ersten Lernprozess, wie es geht."

Eine Bau-Eigentümergemeinschaft ist sicher noch meinungsstärker als es Genossenschaftsmitglieder sind. Der Architekt bestätigt das: „Wir haben es hier meist mit diskussionserprobten Akademikern zu tun. Und da hört man dann schon mal den Satz: `Wir sind doch der Bauherr, das entscheiden Sie doch nicht.` Ich habe durchaus Verständnis dafür. Viel Stress und viel Geld sind beim Bauen im Spiel. Man verschuldet sich hoch, auch Paare untereinander."

Vier Jahre Arbeit an einem Projekt

Das Haus „Am Flaschenhals" – benannt übrigens nach dem gleichnamigen Park am Gleisdreieck - war das erste Baugemeinschaftsprojekt, das die beiden Dipl. Ing. Architekten gemeinsam realisiert haben. „Tatsächlich suchten wir für uns und unsere beiden damals vier und sechs Jahre alten Kinder eine Wohnung in Berlin und haben uns überlegt, dass wir das auch selber bauen könnten – mit anderen zusammen", erzählen Klotzbach-Isringhaus. „Mit dem Projekt haben wir uns selbständig gemacht. Seitdem haben wir noch zwei weitere Häuser mit Baugemeinschaften gebaut, unser viertes Projekt in Berlin-Weißensee ist gerade am Werden."

> ***„Man hat ein Grundgemeinschaftsgefühl, weil man den gesamten Entstehungsprozess mitgemacht hat. Dadurch hat man eine Verbindung aufgebaut."***

Vier Jahre rechnen die beiden für ein Projekt, davon ein Jahr für die Akquise. „Wir machen alles in Personalunion", berichtet Annette Isringhaus. „Die Architekturleistungen, die Bauleitung und Projektsteuerung. Wir kümmern uns um die Finanzierung, sind in der Geschäftsführung etc. Das geht, weil wir nur kleine Einheiten mit 12 bis 15 Parteien bauen. Bei größeren Projekten ist es schon ganz gut, wenn ein Projektsteuerer den Architekten den Rücken freihält. Aber so ist das jeweilige Haus unser Steckenpferd. Wir können jede Rechnung für jeden Stein überprüfen." Zusätzliche Entlastung kommt ja auch von den Baugemeinschafts-Mitgliedern. „Ich sage schon mal zu der Gruppe: Das eingesparte Bauträgergeld müsst Ihr Euch erarbeiten und mitarbeiten", lacht Axel Klotzbach.

Gemeinschafts- und Privatgarten

Natürlich lernen die Architekten mit jedem Haus dazu, bauen inzwischen noch ökologischer als damals. Das Flaschenhals-Haus hat Solarthermie auf dem Dach und eine kleine Gasbrennwerttherme zum Heizen. Es ist als Passivhaus konzipiert mit sehr geringem Heizbedarf sowie einer Lüftungsanlage mit Wärmerückgewinnung. „Eine Wärmepumpe war zu der Zeit noch zu teuer. Aber schon beim zweiten Projekt haben wir Geothermie mit einer Photovoltaikanlage und einer Wärmepumpe kombiniert", erzählt Axel Klotzbach.
Und wie sieht es mit den Gemeinschaftsflächen aus? „Wir bauen eher komprimiert und planen nicht zu viele Gemeinschaftsflächen ein. Deshalb gibt es hier nur eine kleine Teeküche, aber eine große Dachterrasse davor und einen großen Gemeinschaftsgarten, zusätzlich zu den kleinen Privatgärten im Erdgeschoss."

„Wir beteiligen uns als Gemeinschaft am Kiez-Wochenende mit Flohmarkt etc."

Jetzt schaltet sich Martina Murtfeld ein, die in der Bauphase auch in der Geschäftsführung war. „Ich finde es total schön, dass wir diese Hausgemeinschaft haben. Wir treffen uns alle gern. Man hat ja ein Grundgemeinschaftsgefühl, weil man den gesamten Entstehungsprozess mitgemacht hat. Dadurch hat man eine Verbindung aufgebaut. Da ist eine Qualität des Miteinanders entstanden, die über eine normale Nachbarschaft hinaus geht. Es ist wichtig, dass man sich so gut kennengelernt hat." Sechs Familien, drei Paare und drei Singles leben in

Straßenansicht des Hauses „Am Flaschenhals

Martina Murtfeld (links) und die Architekten

Die Dachterrasse mit Blick über Berlin

Das alte Tankstellenschild

dem Haus. Es ist ein Mehrgenerationshaus, das sich ganz ohne ideologischen Ansatz ergeben hat.

Hund-Walking und Parkplatz-Sharing

„Wenn es drauf ankommt, greift sofort wieder der Gemeinschaftsgedanke", sagt Stefan und erinnert sich an eine Geschichte mit einem alten Hund, der keine Treppe mehr laufen konnte: „Da unser Aufzug kaputt war, haben wir einen Plan ausgetüftelt, um den Hund drei Mal am Tag runterzutragen und damit Herrchen und Frauchen zu unterstützen. Da haben alle mitgeholfen!" Auch in Corona-Zeiten oder wenn jemand krank ist, funktioniert die Gemeinschaft ganz selbstverständlich.

„Ich kann bei jedem Nachbarn klingeln und bekomme Hilfe. Das ist auch für die Kinder im Haus schön", sagt Martina Murtfeld und verweist auf das Trampolin und den Sandkasten im Gemeinschaftsgarten. „Im Garten machen wir viel gemeinsam. Ein bis zwei Mal im Jahr finden dort Feste statt. Und wir beteiligen uns als Gemeinschaft am Kiez-Wochenende mit Flohmarkt etc."

Besonders sinnvoll für Berlin mit seiner hohen Dichte an öffentlichen Verkehrsmitteln finde ich das Parkplatz-Sharing-Konzept, das die Gemeinschaft entwickelt hat: Es gibt nur fünf Stellplätze und für die wurde eine Übernachtungspauschale von 1,50 Euro festgesetzt. Jemand, der den Stellplatz für den ganzen Monat haben möchte, zahlt 1,50 Euro x 30, also 45 Euro. Ansonsten ist man, um Kosten zu sparen, bemüht, den Platz bald wieder freizumachen bzw. gar keinen zu beanspruchen. „So sind über die Jahre inzwischen 2.500 Euro in unsere Kasse gekommen, die wir wahrscheinlich für eine neue Garteneinsaat verwenden werden." Versiegelte Fläche schafft Grün. Vorbildlich!

HR

Bautafel

„Am Flaschenhals", Monumentenstr. 13e, 10829 Berlin-Schöneberg

Projektbeginn / Baubeginn / Fertigstellung:
2008 / 2009 / 2011

Anzahl der Parteien: 12

Rechtsform:
Baugemeinschafts-GbR, später nach Teilung WEG

Kosten / Finanzierung, Name der Bank:
Bauvolumen 2,9 Mio Euro inkl. Grundstück / 2.250 Euro /m² WFL / GLS-Bank

Art des Bauprojekts:
Neubau

Architekt:
akai Büro für Architektur + Gestaltung, Berlin / Dipl. Ing. Axel Klotzbach und Dipl. Ing. Annette Isringhaus

Projektleiter:
s. Architekt

Philosophie:
Wenn es auf dem Markt keinen unseren Bedürfnissen entsprechenden Wohnraum gibt, dann bauen wir eben selbst!

Besonderheiten:
- Gemeinsame Teeküche mit Dachterrasse
- Gemeinschaftsgarten
- Parkplatz-Sharing

Besonderes Schwierigkeiten:
Bodensanierung wegen früherer Nutzung des Grundstücks als Tankstellenstandort

Besonders gut gelungen:
Orientierung der Gartenfassade nach Süden, mit großzügigen Balkonen/Terrassen zwischen Fassade und vorgelagerten Sonnenschutzelementen

Was noch realisiert oder besser werden soll:
Intensivierung der Nutzung von Garten und Dachterrasse durch die Gemeinschaft.

Praktische Tipps für Interessenten an einem Gemeinschaftsprojekt:
Bei der Wahl des individuellen Ausstattungsstandards sollte jede einzelne Entscheidung genauestens geprüft werden. Ansonsten können schnell enorme Kostensteigerungen entstehen, welche jedoch nicht unbedingt zu einer nennenswerten Erhöhung der Wohnqualität führen.

Ermutigungssätze für Menschen, die sich ein Gemeinschafts-Wohnprojekt wünschen:
Die Planungs- und Bauphase eines Baugemeinschaftsprojekts ist auch für die Mitglieder arbeitsintensiv und kann auch mal aufreibend sein. Aber: Über das gemeinsame Projekt lernen die Baugemeinschaftsmitglieder sich intensiv kennen und wachsen nach Bezug des Projekts zu einer vertrauensvollen Hausgemeinschaft zusammen. Schon am Tag des Einzugs werden viele Probleme vergessen sein!

www.akai-berlin.de
www.cohousing-berlin.de

Miteinander Weichen stellen

Wohngenossenschaft Gleis 21 in Wien, Interview mit Gründungsmitglied Michael Kerbler

Mein Gesprächspartner kommt gleich so richtig in Fahrt: „Seitdem das Wohnprojekt Gleis21 im Jahr 2022 den ‚New European Bauhaus Prize' der Europäischen Union bekommen hat, kommen noch mehr Anfragen und Besucherinnen und Besucher zu uns. Schon vorher war das Interesse am Gleis21-Projekt groß. Interessierte kamen nicht nur aus Deutschland und Holland, sondern aus fernen Ländern wie Südkorea, Australien und Neuseeland. Aus dem Büro der Bürgermeisterin von Paris kam die Anfrage für eine Telefonkonferenz. Wir hielten das zuerst für ein Fake, doch dann war das real und wir wurden vor allem danach gefragt, wie das mit der Wohnbauförderung der Stadt Wien und deren Finanzierung aussehe. Man war dort offenkundig sehr erstaunt darüber, dass eine Großstadt wie Wien sich so ins Zeug legt und ordentlich Geld ausgibt für inhaltlich und architektonisch innovative Wohnprojekte. Ein anderes Beispiel war Polen. Die Nationalbank kam und wollte das ebenso wissen. Die haben nämlich keine vergleichbare Wohnbauförderung."

Engagierter Journalist und „Gleisler" mit Leib und Seele

Der das sehr lebhaft und anschaulich erzählt, ist Michael Kerbler, 69 Jahre alt und Gründungsmitglied von Gleis21. Er ist beileibe kein Unbekannter in Österreich, zählt dort zu den bekanntesten Rundfunkjournalisten und gehörte fast 38 Jahre dem ORF an. Über Stationen als Wirtschaftsredakteur und Auslandskorrespondent – als Reporter vor allem in Afrika und den arabischen Staaten tätig – wurde er Chefredakteur des ORF-Hörfunks und später stellvertretender Intendant und Chefredakteur von Radio Österreich International. Danach machte er sehr erfolgreiche Sendereihen im Ö1. In Anerkennung seiner journalistischen

Wie ein „Schiff aus Holz“

Leistungen wurde ihm 2013 das Goldene Ehrenzeichen für Verdienste um die Republik Österreich verliehen. Heute ist er als freier Journalist tätig und engagiert sich unter anderem in der Architekturvermittlung, etwa als Moderator des Architekturfestivals „Turn on". Und er ist „Gleisler" mit Leib und Seele.

> ***„Eine Großstadt wie Wien gibt ordentlich Geld aus für inhaltlich und architektonisch innovative Wohnprojekte."***

Es hat sich also schon längst herumgesprochen, was da in Wien, einer Stadt mit einer langen Tradition an sozialer Wohnungsbaupolitik und bis heute an zahlreichen interessanten Wohnprojekten entstanden ist. Gleis21 ist ja beileibe nicht das einzige interessante Wohnbau-Projekt, aber schon auch etwas ganz Besonderes. Was genau seine Besonderheit ausmacht, wie es entstanden ist und vieles mehr - das will ich von Michael Kerbler wissen.

Idee eines Architekten

Ich lerne ihn zwar „nur" über ein Zoom-Gespräch kennen, aber der Funke seiner Begeisterung springt sofort über. Gefragt, wo das Paar vorher gewohnt habe, beschreibt er es so: „Größer könnte der Unterschied nicht sein: Stadtrand, Waldlage, Weingärten, absolute Ruhelage. Ich konnte von meinem Zuhause aus in 15 Minuten im Wiener Wald sein." Also eine feine, bürgerlich-privilegierte Wohnlage. Was hat dann zur Veränderung geführt, was waren die Motive, dort weg und auf eine ehemalige Rangiergleisanlage in unmittelbarer Nähe zum Hauptbahnhof zu ziehen?
„Erstens: Ein wachsendes Interesse an gemeinschaftlichem Zusammenleben. Zweitens eine stadtnähere Lage, weil meine Frau und ich gerne kulturelle Angebote in der Stadt wahrgenommen haben. Und drittens die bauliche Situation, wo wir vorher gelebt haben. Wunderschön, aber ohne jedes nachbarschaftliche oder gar generationenübergreifende Zusammenleben. Und ja: Je älter wir wurden, umso mehr wuchs das Interesse an solchen Wohnformen."

Michael Kerbler schildert die Anfänge, die „Zeugung" des Projekts: „Im Herbst 2014 saßen wir bei einem gemeinsamen Frühstück mit Architekten, Stadtplanern usw. zusammen. Da meinte der Architekt Markus Zilker, dass im Sonnwendviertel ein interessantes Bauprojekt möglich wäre und er dort gerne ein Wohnprojekt realisieren würde. Dann hat er in die Runde geschaut und gefragt, ob jemand am Tisch Interesse daran habe. Ich habe meine Frau angeschaut und sie mich - und wir haben beide genickt. So kamen wir zum Wohnprojekt, das dann Gleis21 genannt wurde. Meine Frau und ich, wir waren sozusagen bei der Zeugung dabei".

Die Leitsätze: Wir leben Solidarität nach innen und außen.
Wir bauen auf nachhaltiges Leben.
Wir schaffen Raum für Kultur und Begegnung.

Erdgeschoss als Einladung für die Öffentlichkeit

Es fing also mit einigen wenigen Protagonisten der Baugruppe Gleis21 und dem Architekten an - Gleis21, benannt nach dem Grundstück auf einem Teil des aufgegebenen Südbahnhofgeländes. Die Idee eines Wohnbauprojekts im neuen Sonnwendviertel Ost entwickelten Markus Zilker von „einszueins-Architekten" und ein Prozessbegleiter. 2015 stellte dann eine Gruppe von 20 Leuten in Workshops die Weichen für das Projekt und formulierte die erste Fassung der gemeinsamen Vision: Solidarität, Nachhaltigkeit, Kultur und Begegnung. Die Leitsätze: Wir leben Solidarität nach innen und außen. Wir bauen auf nachhaltiges Leben. Wir schaffen Raum für Kultur und Begegnung.

Nach drei intensiven Monaten mit Vereinsgründung, Entwicklung eines Konzepts für die Architektur des Hauses und dem Finden von Kooperationspartnern erfolgte die Einreichung für den Wettbewerb. Sie war erfolgreich, Gleis21 wurde Realität.
In der weiteren Planungsphase wurden dann Entscheidungen getroffen, die das heutige Erscheinungsbild von Gleis21 ausmachen: vor allem der Beschluss, das

Gebäude aus Holz zu errichten, die Erdgeschosszone als Einladung für die Öffentlichkeit zu gestalten und die Planung der Gemeinschaftsräume und -flächen auf dem Dach.

Prozessbegleitung und Konsent-Prinzip

Um die Interessen und Bedürfnisse der künftigen Nutzerinnen und Nutzer möglichst gut in Einklang zu bringen und die gewünschte partizipative Entscheidungskultur zu unterstützen, engagierte die Baugruppe schon zu Projektbeginn die Prozessbegleitung „realitylab" in Wien. Sie begleitete die Gruppe über eineinhalb Jahre, moderierte Großgruppenveranstaltungen und führte die Baugemeinschaft in die Methode der Soziokratie ein. Das ist ein basisdemokratisches Verfahren der Entscheidungsfindung, das die Eigenverantwortung und Selbstorganisation der Gemeinschaft stärkt. Das Besondere daran: Bei Abstimmungen obsiegt nicht - wie üblich - die Mehrheit über die Minderheit, sondern es wird ein Modus gefunden, dass letztlich alle einer Entscheidung zustimmen können. Das nennt sich dann Entscheidung im Konsent. Nur in den (eher seltenen Fällen), in denen es fundamentale Einwände dagegen gibt, muss weiter nach einem Konsent gesucht werden. Es wird also nicht die perfekte Lösung gesucht, sondern es genügt, mit einer Entscheidung leben zu können. Das erleichtert und beschleunigt das Entscheiden.

> ***Es wird nicht die perfekte Lösung gesucht, sondern es genügt, mit einer Entscheidung leben zu können. Das erleichtert und beschleunigt das Entscheiden.***

Wie erlebte Michael Kerbler diese Phase? „Das Gute an der Methode ist, dass wir sehr fokussiert auf das jeweilige Thema waren und effizient, also uns nicht in endlosen Diskussionsschleifen verloren haben. Und dass wir Arbeitsgruppen gebildet haben, in denen dann die ganzen Kompetenzen, die bei uns vorhanden waren (und sind), gebündelt wurden. Und denen man vertraut hat.

Man muss in der Anfangsphase sehr viel Zeit investieren. Und das hat jeder von uns gewusst. Wir nennen es ‚Happy Hour': 10 bis 15 Stunden im Monat an geldwerten Leistungen für die Gemeinschaft erbringen, egal, ob ich eine Website konzipiere, ob ich helfe, ein Kellerabteil einzurichten oder Fahrradständer zu montieren. Dadurch entsteht ein Commitment, was auch dazu führt, dass jeder sich mit dem Haus identifiziert und sich für seinen Zustand verantwortlich fühlt."

Brücken bauen in die Umgebung

Das Schöne an Gleis21 ist, dass dieses Haus von Anfang an so konzipiert war, dass es eine Bereicherung für die Umgebung werden sollte. Michael Kerbler dazu: „Schon früh war uns klar, dass wir das Haus nicht wie eine Auster betrachten, sondern Brücken bauen wollten zu den umgebenden Vierteln. Und das in Favoriten, einem klassischen Wiener Arbeiterbezirk mit einem erklecklichen Anteil an Menschen mit Migrationsgeschichte. Da hat man die Verpflichtung, integrativ zu wirken. Und das hat bedeutet: Wir wollen Begegnungszone sein, vor allem mit niederschwelligen Kulturangeboten. Und wir wollten Menschen, die es sich nicht leisten können, ein Dach über dem Kopf geben."

***„Wir wollen Begegnungszone sein,
vor allem mit niederschwelligen Kulturangeboten."***

Die Idee der Nachhaltigkeit wird hier auf mehreren Ebenen gelebt. Michael Kerbler: „Natürlich wollten wir auch nachhaltig sein, aber nicht nur nachhaltig im Sinne der Nutzung von nachhaltigen Baustoffen und der Ressourcenschonung. Sondern auch sozial nachhaltig. Deshalb haben wir einen Solidaritätsfonds eingerichtet. Wer ist wir? Diejenigen, die es sich leisten können und die besseren Lagen im Haus, zum Park und zur Promenade haben, zahlen freiwillig mehr Miete. Der Betrag, der dadurch monatlich zusammenkommt, fließt in einen Topf und daraus werden anteilig die Flüchtlingswohnungen finanziert. Der andere Teil wird von der Caritas und der Diakonie übernommen. Das sind Wohnungen, die überwiegend von alleinstehenden Frauen mit Kindern genutzt werden. Solidarität nach innen heißt für uns aber auch, dass, wenn jemand zum Beispiel arbeitslos wird oder in eine schwierige finanzielle Situation geraten ist, wir ihn aus dem `Solitopf` unterstützen wollen."

> ***„Wir haben einen Solidaritätsfonds eingerichtet. Diejenigen, die es sich leisten können, zahlen freiwillig mehr Miete."***

Die Architektur: ein „Schiff aus Holz"

„Individueller Lebensraum samt Gemeinschafts- und Freiflächen, verpackt in nachhaltige Bauweise: dies war die selbst auferlegte Vorgabe der Gründergruppe. So entstand ein vielfach ausgezeichnetes Vorzeigeprojekt im Sonnwendviertel," so heißt es auf der Homepage von Gleis21 zum Stichwort Architektur.

Tatsächlich fällt einem die architektonische Gestaltung der Außenfassade sofort auf: Ungewöhnlich für einen Bau dieser Größe, bei dem meist kühler Beton und Stahl das äußere Erscheinungsbild dominieren, bestimmen hier Außenwände aus Holzriegel-Elementen das Bild und lassen es wärmer und ein bisschen dörflich erscheinen. Mit etwas Fantasie kann man sich darunter aber auch ein „Schiff aus Holz" vorstellen, wie es bei Gleis21 heißt.

Über dem öffentlich genutzten Erdgeschoss liegen vier Wohngeschosse. Das Besondere daran: Die Innenwände sind allesamt nicht tragend und können dadurch flexibel platziert werden. Die Wohnungen haben deshalb grundsätzlich flexible Grundrisse, lediglich die Position der Küchen und Bäder ist wegen der Anschlüsse vorgegeben. Weitere bauliche Einschränkungen werden dadurch vermieden, hingegen wird ein Höchstmaß an individueller räumlicher Gestaltungsfreiheit ermöglicht. Michael Kerbler beschreibt das folgendermaßen: „Stellen Sie sich das Gesamtgebäude wie eine Schuhschachtel oder eine Hochgarage vor, in der nur

Architekt Markus Zilker und Michael Kerbler

Veranstaltungssaal im Erdgeschoss

Gemeinschaftsraum mit Küche und Esstisch

Seitenansicht mit den privaten Balkonen

Die Laubengänge – Eldorado für Kinder

vier Decken eingezogen sind und ein paar tragende Betonsäulen. So konnte man anfangs die Grundrisse nach den Wünschen der künftigen Bewohnerinnen und Bewohner flexibel gestalten, sei es für Ein-Raum-Appartements oder auch für Flex- oder Joker-Wohnungen."

Ob das in der Realität auch so funktioniere, will ich von Michael Kerbler wissen. „Also ich möchte vorausschicken, dass aufgrund der Tatsache, dass keine Wohnung gleich war, der planerische Aufwand schon extrem hoch war. Wir waren hier in einer Art Laborsituation, so etwas auszuprobieren. Beispiel Flex-Wohnungen: Letztere waren in den letzten vier Jahren sehr gefragt, um bei Bedarf den eigenen Wohnraum erweitern zu können. Solche Fälle hatten wir natürlich, dass sich die Lebenssituation geändert hat, zum Beispiel durch ein (weiteres) Kind. Und insofern ist dieses Konzept der Flex-Wohnungen aufgegangen. Alle 34 Wohnungen sind individuellen Bedürfnissen angepasst."

Die Innenwände sind allesamt nicht tragend und können dadurch flexibel platziert werden. Die Wohnungen haben deshalb grundsätzlich flexible Grundrisse.

Interessanterweise hat das auch mit der Wiener Bauordnung zu tun. Nach der ist Gleis21 nämlich ein Studenten- bzw. ein Pensionistenheim. Das hat den großen Vorteil, dass man keine Garage brauchte, sondern sich an einer nahegelegenen Garage beteiligen konnte, um dort Stellplätze zu bekommen. Das hatte auch den Vorteil, dass für die unteren Gemeinschaftsräume großzügiger geplant und gebaut werden konnte. Hier finden sich die Werkstatt, das Atelier, der Fitnessraum, aber auch die Waschküche sowie der große Abstellraum für die Fahrräder, Lastenräder und Kinderwagen. Einziger Nachteil dieser Bauordnung, so Michael Kerbler augenzwinkernd, „dass wir mehr als 300 Feuermelder im Haus haben. Und wehe, ein Toast verbrennt. Dann steht der große Löschzug vor der Tür."

„Dachwelt" mit drei Pavillons

Neben den privat genutzten, großzügigen Balkonen, die es zu den Wohnungen gibt, dienen die Laubengänge auf der anderen Seite des Hauses als erweiterte, gemeinschaftlich genutzte, überdachte Flächen. Sie sind eine von Kindern wie Erwachsenen viel genutzte Fläche für Spiel, Austausch und Begegnung. „Den Kindern gehört der Laubengang. Im Sommer ist das ein Eldorado", so Michael Kerbler.

Buchstäblicher Höhepunkt der gemeinschaftlich genutzten Fläche ist das Dachgeschoss. Dieser Ort, auf dem höchsten und sonnigsten Platz des Gebäudes mit wunderbarer Sicht auf den Park und die umliegende Stadtlandschaft, war von Anfang an für die Gemeinschaft reserviert. Dort stehen drei Holzpavillons, die von Terrassen und Grünflächen umgeben sind.

„Die durchdachte Anlage des ganzen Dachbereichs hat sich gerade in der Pandemiezeit extrem bewährt."

Der größte Pavillon beherbergt die Gemeinschaftsküche mit langem Esstisch und einem daneben liegenden Kinderspielraum. Er bildet das Herzstück des Lebens auf der „Dachwelt". Im zweiten Pavillon trifft man auf eine gut sortierte Bibliothek und im dritten laden eine Sauna und ein Yogaraum zum Entspannen ein. „Es hätte architektonisch nichts Schöneres geben können als diese drei Pavillons", schwärmt Michael Kerbler und fährt fort, „dass sich die durchdachte Anlage des ganzen Dachbereichs gerade in der Pandemiezeit extrem bewährt hat, als viele Eltern im Homeoffice waren und dennoch ihre Kinder dort gut aufgehoben und versorgt waren. Die Älteren haben zum Beispiel gekocht und sich sinnvoll mit den Kindern beschäftigt. Das war eine Laborsituation der Sonderklasse, und wir haben gemerkt, wie gut unsere Gemeinschaft in so einer Ausnahmesituation funktioniert."

Baukosten und Finanzierung

Die Baukosten betrugen rund 10 Millionen Euro. Davon waren 2 Millionen Eigenmittel der Vereinsmitglieder, 6 Millionen Bankkredit und 2 Millionen Förderung durch die Stadt Wien. Der Bankkredit wird in Form einer monatlichen Miete zurückgezahlt, also wie bei anderen Wohnprojekten auch. Das Besondere ist die Wiener Wohnbauförderung, die auch Kredite vergibt. Das Gute daran ist nämlich, dass die Bewohner ihn erst bezahlen müssen, wenn der Bankkredit abbezahlt ist. „Das war etwas, was die polnische Delegation in ungläubiges Staunen versetzt hat, als ich ihr das erklärt habe. Ja, die Stadt Wien kann sich diesen Fonds leisten, weil drei Viertel der ausgeschütteten Mittel pro Jahr aus dem Topf stammen, der mit Rückzahlungen gefüttert wird. Und weil das die Stadt Wien schon seit etwa 100 Jahren macht, funktioniert das auch," so Michael Kerbler.

Dennoch sei die Finanzierungsfrage eine ziemlich harte Angelegenheit gewesen. Ein Grund lag darin, dass die Holzpreise in der entscheidenden Bauphase enorm gestiegen waren, und das bei einem Holzriegelbau! Michael Kerbler: „Zunächst dachten wir, dass wir uns das nicht mehr leisten können und wir leider doch in Beton bauen müssen - und das hat uns sehr deprimiert. Dann haben wir Auswege gesucht und diese last not least durch Kürzungen und allerlei einfallsreiche Schritte auch gefunden. So blieb es beim Holzriegelbau – weil wir ihn unbedingt wollten!"

Ein internationales Haus

Rund 80 Menschen wohnen im Gleis21-Haus, 50 Erwachsene und 30 Kinder. Wer sind sie und woher kommen sie? Sie kommen natürlich aus Wien, aus Österreich, aber auch aus ganz Europa. Beispielsweise aus Ländern wie Spanien, Slowakei, Polen, Griechenland und aus Italien. Ein „bunter Haufen" also, der da „gemeinsam Weichen stellt" (so das eigene Motto) für ein anderes Wohnen, eine neue Form des Zusammenlebens. Dazu gehören Paare, Singles, Eltern, Kinder, Junge und Ältere, Menschen mit Migrationsgeschichte. Also nicht nur ein europäisches, sondern auch ein internationales und multikulturelles Haus. Nicht zuletzt beim gemeinsamen Kochen und „richtig Genießen" zeige und beweise sich diese Multikulturalität auf das Feinste, ebenso beim Kulturangebot!

> ***Es sind also hauptsächlich Familien mit Kindern, die das Haus bewohnen.***

Nachdem, was ich bislang gelesen hatte, wäre die Bewohnerschaft altersmäßig homogener als ursprünglich erwünscht. Ich will wissen, ob das stimmt. Michael Kerbler erklärt mir dazu, dass „die Generation der 30- bis 50-Jährigen den größten Anteil stellen und die kleinere Gruppe, etwa ein Viertel der Bewohner, zur 60plus-Generation zählt." Es sind also hauptsächlich Familien mit Kindern, die das Haus bewohnen - eigentlich eine erfreuliche Tatsache, da bei manch anderen Projekten die begüterten Älteren dominieren. Was die soziale Durchmischung angeht, so haben der schon erwähnte Solidaritätsfonds und die Unterstützung durch die Diakonie dafür gesorgt, dass auch weniger Betuchte und Flüchtlinge im Gleis21 wohnen können.

Und wie funktioniert das Zusammenleben mit den Flüchtlingen? „Wir unterscheiden nicht mehr Flüchtlinge und Bewohner. Sie sind Bewohnerinnen und Bewohner wie wir geworden. Wir helfen ihnen und sie helfen uns. Und einige gehen jetzt auf die Uni in Wien und studieren. Und die können jetzt die Staatsbürgerschaft beantragen", so Michael Kerbler.

Kultur und Café fürs Grätzel

Ein besonderes Gewicht bekam von Anfang an die Kultur, genauer gesagt, die Sozio-Kultur, die auf das Stadtviertel Bezug nimmt. Das schlägt sich sowohl in der Vielfalt der Angebote und ihre jeweiligen Zielgruppen als auch im Raumangebot und dessen Platzierung im Bau nieder. Die einladend gestaltete Erdgeschoss-Ebene ist als offene Begegnungszone mit hoher Aufenthaltsqualität konzipiert. Hinzu kommt eine Musikschule für Kinder und Jugendliche, die sich im Untergeschoss befindet und durch einen „versunkenen Hof" belichtet wird. Sie trägt den schönen Namen „Klangwerk" und ist ein musikalischer Nahversorger im Sonnwendviertel.

toZOMIA, ein Künstler:innen-Kollektiv, versteht sich als „Plattform für Entwicklung widerständiger Praktiken in Kunst und Leben". Für den hochwertig ausgestatteten Veranstaltungsraum mit knapp 100 Plätzen organisiert die „Kulturinitiative Kunst und Kultur Gleis21" ein anspruchsvolles Kulturprogramm. Was nicht fehlen darf, wenn es um einen Treffpunkt fürs Viertel geht, ist ein Café namens „Kaffeesatz". Auf schönstem Wienerisch heißt es auch „Grätzeltreff". Zum besseren Verständnis: Stadtviertel heißen in Wien Grätzel.

Tagsüber ist das gesamte Erdgeschoss oft vermietet. Hier werden Einnahmen generiert.

Die Räumlichkeiten dafür sind ja reichlich da. Dazu muss man allerdings wissen: Tagsüber ist das gesamte Erdgeschoss oft vermietet. Darum kümmert sich eine eigene AG des Wohnprojekts, die die schönen, gut ausgestatteten Räume in attraktiver Lage für Seminare und Konferenzen anbietet. Das reicht von Firmen und Banken, die dort ihre Veranstaltungen, Workshops oder Klausuren abhalten bis zum Sonntagsgottesdienst, für den der Theatersaal vermietet wird. Hier werden Einnahmen generiert.

Von 18 bis 24 Uhr ist dann Kulturzeit. Das Angebot wird entweder von externen Kultureinrichtungen konzipiert und durchgeführt – dann ist auch dafür das Wohnprojekt zuständig, das darauf achtet, dass das kulturelle Programm der Externen zu der Philosophie von Gleis21 passt. Oder das Programm wird von einem eigens gegründeten Verein konzipiert, der schon genannten „Kulturinitiative Kunst und Kultur Gleis21". Der Grund liegt darin, dass die Stadt Wien einem Wohnprojekt keine Kulturförderung geben kann. Dieser Verein stellt ein Jahresprogramm zusammen, das so bunt und vielfältig wie möglich ist und, so der im Vorstand mitwirkende Michael Kerbler, „auch das ganze Themenfeld Frauenrechte, Queer, Migrantenkultur und auch die Konflikte, die es zwischen den Einheimischen und den Zugewanderten im Viertel gibt, abbildet."

Die Formate reichen von Theater, Musik und Film über Kinderprogramm und Lesungen bis zu Outdoor-Performances oder Märkten.

Die Formate reichen von Theater, Musik und Film über Kinderprogramm und Lesungen bis zu Outdoor-Performances oder Märkten. Wenn ich mir das aktuelle Programm ansehe, so finde ich darin Lesungen für Kinder, Rap-Musik, eine Literatur-Veranstaltung zum Weltfrauentag, einen weiblichen A capella-Chor aus Wien und prämierte Kurzfilme aus Vorarlberg.

Zusammenleben und Zusammenhalten

Auf die Frage, was er sich für die Zukunft von Gleis21 wünscht, meint Michael Kerbler: „Ich glaube, das Wichtigste ist, dass wir uns die Flexibilität, die wir am Anfang gehabt haben, bewahren. Die Zeiten werden ja nicht einfacher werden. Und wir werden viel mehr auf Gemeinschaften bauen müssen, auf das Zusammenleben und Zusammenhalten. Dazu gehört auch, dass wir mit den anderen Baugruppen, die es im Viertel gibt, noch besser kooperieren, Stichwort: Energiegemeinschaft. Und dass wir den Dialog zwischen dem Bezirk und uns noch intensivieren und noch mehr Leute erreichen."

WE

Die Awards

Gleis21 wurde vielfach ausgezeichnet (Auswahl):

- Mit dem New European Bauhaus Prize, gestiftet von der EU-Kommission für Projekte, die zeigen, dass die vom europäischen „Green Deal" geförderten Lösungen nicht nur nachhaltig, sondern auch inklusiv und architektonisch schön sein können.
- Mit dem Klimaaktiv mobil „Kompetenz im Klimaschutz", gestiftet vom Österreichischen Bundesministerium für Klimaschutz, Umwelt, Energie
- Shortlist für den Mies van der Rohe Award, gestiftet von der EU-Kommission und der Fundacio Mies van der Rohe als Anerkennung für Spezialisierung und Nachhaltigkeit beim Co-Housing und Holzbau
- Mit dem Klimaaktiv Gold Standard für das energieeffiziente Mehrfamilienhaus in konstruktiver Holzbauweise

Bautafel

Gleis21, Bloch-Bauer-Promenade 22, A-1100 Wien, Sonnwendviertel Ost

Projektbeginn / Baubeginn / Fertigstellung:
2015/2017/2019

Anzahl der Parteien:
34 Wohnungen für rund 50 Erwachsene und 30 Kinder

Rechtsform:
Verein „Wohnprojekt Gleis21", Baugruppe Wien

Kosten / Finanzierung, Name der Bank:
10 Millionen Euro, dreiteilige Finanzierung durch Eigenmittel, Bankkredit und Kredit von der Wiener Wohnbauförderung

Art des Bauprojekts:
Neubau, energieeffizientes Mehrgenerationen- und Mehrfamilienhaus in Holzbauweise

Architekt und Projektleiter:
einzueins Architektur Wien

Prozessbegleitung:
Realitylab GmbH

Trägerschaft:
Schwarzatal - Gemeinnützige Wohnung- & Siedlungsanlagen GmbH, Wien, Verein Wohnprojekt Gleis21 (Baugrube), Wien

Philosophie:
Wir leben Solidarität nach innen und außen. Wir bauen auf nachhaltiges Leben. Wir schaffen Räume für, Kultur und Begegnung.

Besonderheiten:
Grundstück auf einem ehemaligen Bahngelände; sozialer und kultureller Treffpunkt für das Stadtviertel; Soziokratie als Organisationsform und Methode einer Entscheidungsfindung im Konsent

Besonders gut gelungen:
- Sehr ansprechende und vielfach ausgezeichnete Architektur in • Holzbauweise
- Flexible Wohnungsgrundrisse
- Großes gemeinschaftliches Raumangebot mit u. a.: großem Veranstaltungsraum (170 qm)
- Gastronomie (200 qm)
- Musikschule
- Atelier
- Gästewohnung
- Laubengänge
- Dachterrasse mit Gemeinschaftsküche
- Bibliothek
- Kinderspielraum
- Sauna
- Yogaraum

Was noch realisiert oder besser werden soll:
noch bessere Kooperation mit anderen Baugruppen im Viertel, Stichwort: Energiegemeinschaft; intensiverer Dialog zwischen dem Viertel und Gleis21, um noch mehr Leute zu erreichen

Besondere Schwierigkeiten:
Gestiegene Holzpreise in der Bauphase

Ermutigungssätze für Menschen, die sich ein Gemeinschafts-Wohnprojekt wünschen:
„Ich bin in diesem Jahr 70 Jahre alt geworden. Und ich musste 60 Jahre alt werden, bis sich bei mir und meiner Frau der Wunsch nach Veränderung gemeldet hat. Wir waren dann bereit, auf ein neues Gleis umzusteigen. Das war nicht ohne Risiko, aber wir haben erlebt, wie es sich gelohnt hat. Es ist eine ungeheure Bereicherung für uns: Wir lernen von den Jungen und diese wiederum von unserem großen Erfahrungswissen. Da wird einem auch geistige Beweglichkeit abverlangt. Aber das hält jung." Michael Kerbler

II Wo finde ich Unterstützung?

Die Gemeinschaft fördernde Architektur: „Z'am in Freiham“

Der Projektleiter:
Das Machbare realisieren

Interview mit Michael Kroll, Regensburg und München

Michael Kroll ist leise genervt, um nicht zu sagen frustriert. In jeder Baugruppe gibt es immer wieder einen oder eine, die alles besser wissen. Dabei könnte es aus seiner Sicht so einfach sein. Aber leider menschelt es in Gruppen eben. „Die Kunden haben inzwischen Wahnsinnsansprüche", sagt der erfahrene Projektleiter. Da heißt es oft: tief durchschnaufen, dreimal „Om" sagen und wieder einen sachlichen Ton in die Diskussion bringen. Das gilt nicht nur für den Projektleiter, sondern für alle Beteiligten.

Seit 2005 beschäftigt sich der ausgebildete Zimmermann mit abgeschlossenem Architekturstudium an der FH Regensburg mit dem gemeinsamen Bauen und Wohnen. 2010 hat er mit seinem Partner Thomas Winter die contemplan GbR in Regensburg gegründet, die sich auf Projektentwicklung und -beratung von Baugemeinschaftsprojekten spezialisiert hat. Er hat auch unser StadtNatur-Haus als Projektberater begleitet. Und bei nicht wenigen Sitzungen musste Michael Kroll um seine buddhistische Ruhe ringen. Hinzu kam in unserem Fall auch noch die Corona-Pandemie, so dass viele Treffen nur online via Zoom stattfanden „Die Kommunikation über digitale Medien finde ich nicht nur positiv", sagt er dazu. „Alles muss wahnsinnig schnell gehen. Die e-mail-Flut ist kaum noch zu bewältigen."

Ein bisschen sehnt der 62-Jährige sich nach der „guten alten Zeit" ohne Zeitdruck zurück, „als wir die Pläne mit der Hand gezeichnet und die Korrekturen mit der Rasierklinge ausgeführt haben". Das meint er nicht ganz ernst, aber ein bisschen

Die Laubengänge haben zusätzlich kleine Aussichts- und Begegnungsplattformen.

schon. „Inzwischen glaubt ja jeder, er könne überall mitreden, weil er sich im Internet informiert hat."

„Als Erstes muss die Finanzierung stehen. Am Anfang eines Projekts ist man oft reiner Finanzierungsberater."

Eigentlich besteht kein Anlass zur Frustration, denn Michael Kroll kann auf viele erfolgreiche Projekte verweisen, die er von der Konzeptentwicklung über die Grundstückssicherung bis hin zur Betreuung der Planer von Anfang bis Ende begleitet, betreut und beendet hat. Das dauert, wie in unserem Fall, knappe drei Jahre, manchmal auch länger. Das Thema Finanzierung hat er im StadtNatur-Projekt seinem Partner überlassen, aber natürlich beherrscht er das auch. „Das muss als Erstes stehen. Da arbeiten wir seit Jahren mit Banken, wie der Umweltbank oder GLS zusammen. Am Anfang eines Projekts ist man oft reiner Finanzierungsberater, muss Kosten abschätzen, Finanzierungen vorbereiten. Da heißt es auch oft \`Mut zur Lücke\`, denn nicht alle Eventualitäten kann man vorher absehen."

„Verantwortlich gemacht werden wir Projektleiter, wenn etwas schiefläuft."

Hat man dann einen Finanz-Experten in der Gruppe, wird oft jede Tabelle akribisch nachgerechnet. Dieses Fachwissen innerhalb der Gruppe ist einerseits von Vorteil, andererseits muss der Projektleiter willens sein, Abrechnungen und Vorschläge immer wieder in Frage zu stellen. Das kann ihn und die Gruppe nerven, aber letztendlich auch zu einem guten Ergebnis führen.
„Gruppenbildung und -betreuung ist eine meiner Hauptaufgaben. Da gilt es, alle einzubinden und schlussendlich die Termin-, Kosten- und Qualitätskontrolle zu behalten. Denn verantwortlich gemacht werden wir, wenn etwas schiefläuft. Wir müssen das Machbare realisieren. Und wenn etwas tatsächlich schiefläuft, dann schläft man sehr schlecht."

Der große Dachgarten

Michael Kroll in „Z'am in Freiham"

Viel Platz für Kinderwagen und (Lasten-)Fahrräder

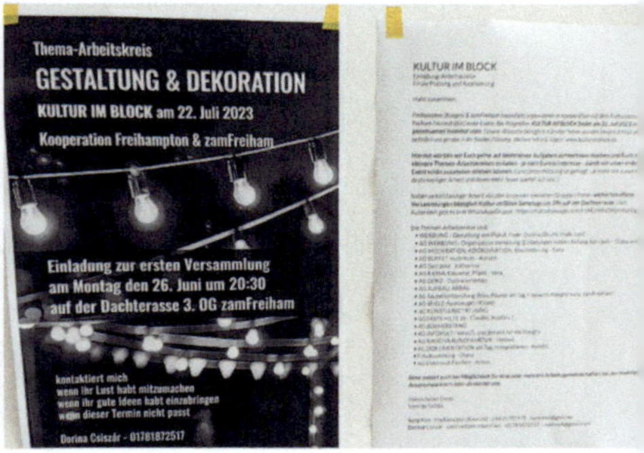

Plakat zu „Kultur im Block"

Außenfassade mit Gemeinschaftsraum unten

Individuelle Beet-Bewässerung

„Z'am in Freiham" – Faire Genossenschaft im Münchner Westen

2013 haben Michael Kroll und Thomas Winter und weitere Unerschrockene eine eigene Genossenschaft gegründet: die raumFAIR eG, Genossenschaft für faire Raum- und gemeinwohlorientierte Stadtentwicklung. Das jüngste Gemeinschaftshaus, ein sechsstöckiges Gebäude in Z-Form, steht in Freiham, einem komplett neuen Stadtteil in Münchens Westen. In diesem Neubaugebiet sollen 11.000 Wohnungen für bis zu 25.000 Einwohner entstehen. Das Stadtteilzentrum dieses Bezirks heißt Zam. Folgerichtig heißt das raumFAIR-Projekt in Anlehnung an das bayerische Wort für zusammen „Z`am in Freiham". Es ist ein inklusives Wohngebäude mit 61 Wohnungen für junge Familien, Paare und Singles. „Es ist benutzergerecht geplant, nachhaltig gebaut und fair bewirtschaftet", sagt Michael Kroll.

„Jede Gemeinschaft funktioniert so gut wie engagiert die Leute sind."

Anders als bei Bau-Eigentümergemeinschaften, die nicht zuletzt aufgrund der Einkommensstruktur größtenteils homogen sind, geht es bei Genossenschaften eher um den Mix aus verschiedenen gesellschaftlichen Bereichen. Bei Bau-Eigentümergemeinschaften wird der Projektsteuerer von der Gruppe gezahlt. Im Falle von „Z'am in Freiham" nun fungiert die Genossenschaft mit den Vorstandsmitgliedern als Bauherr. Hier handelt es sich ausschließlich um geförderten Wohnungsbau – die Wohnungsbaugenossenschaft wird also zu einer Sozialgenossenschaft. Für die Förderung hat die Stadt München drei verschiedene Modelle entwickelt: Einkommensorientierte Förderung (EOF), München Modell mit Einkommensgrenzen (MMG) und Konzeptioneller Mietwohnungsbau (KMB) mit preisgedämpften Mietwohnungen.

Inklusion ist Michael Kroll und seinen Vorstandskollegen ein wichtiges Anliegen: "Z'am in Freiham bedeutet: Niemanden ausgrenzen und Teilhabe für alle. Alle Wohnungen sind barrierefrei und viele davon rollstuhlgerecht ausgebaut." Für

Michael Kroll ist Bauen eine soziale Angelegenheit, deshalb sind fünf Wohnungen für Wohnungslose reserviert! raumFAIR kooperiert hier mit dem Internationalen Bund (IB), einem Träger der Wohnungslosenhilfe Bayern, der sich um rund 150 Münchner Haushalte mit Menschen in prekären Beschäftigungsverhältnissen kümmert. Ein weiterer Kooperationspartner ist IN VIA München e. V., der Katholische Verband für Mädchen- und Frauensozialarbeit, der sich u. a. Menschen mit Fluchthintergrund annimmt. Mit deren Hilfe konnten sogar die notwendigen Genossenschaftsanteile für eine Familienwohnung gefördert werden. Die Wohnungen bleiben im Eigentum der Genossenschaft.

Und wie funktioniert die Gemeinschaft? Halten wirklich alle z`am? „Jede Gemeinschaft funktioniert so gut wie engagiert die Leute sind", antwortet Michael Kroll. Hier engagieren sich offensichtlich viele! Bei unserem Rundgang im heißen Sommer 2023 geht es gerade um das Aufteilen des Gießdienstes für die Bepflanzung im Innenhof, den sich die raumFAIR-Genossenschaftler mit ihrem Nachbarn, der Genossenschaft Kooperative Großstadt eG, kurz KooGro, teilen. Wir sehen ein Plakat für „Kultur im Block", ein großes Künstlerfest, das mit der Hilfe von insgesamt 18 (!) Arbeitsgemeinschaften organisiert wird – vom Aufbau über Dekoration bis zu Spielen für Kinder. Ein anderes Plakat lädt unter dem Motto „Mama lernt Deutsch" zu Deutschunterricht im Gemeinschaftsraum ein.

„Die Bundesregierung müsste eine Verlässlichkeit in der Förderung garantieren."

Was wünscht sich Michael Kroll für die Zukunft? „Die Bundesregierung müsste eine Verlässlichkeit in der Förderung garantieren. Wir müssen ja unsere Grundstücke frühzeitig reservieren. Bauen ist ein träges Gewerbe. Da darf sich nicht alle paar Monate etwas ändern. Außerdem sollten einige Förderkriterien überdacht werden. Sinnvolle Initiativen wie die Grauwasser-Nutzung oder die Wasserversickerung auf dem eigenen Grundstück etwa, werden nicht gefördert.

Wir wollen doch gerade beim Bauen auch etwas fürs Klima tun. Das tun wir z. B. bereits mit unserer Dachbegrünung und überhaupt vielen grünen Außenanlagen. Aber es ginge noch viel mehr."

HR

Unterstützung:

- Forum Gemeinschaftliches Wohnen e. V.: https://verein.fgw-ev.de/
- Bundesverband Baugemeinschaften: https://www.bv-baugemeinschaften.de/
- Stiftung Trias: https://www.stiftung-trias.de/home/
- Netzwerk Immovielien: https://www.netzwerk-immovielien.de/
- Wohnbund e. V.: https://www.wohnbund.de/

Bautafel

Z'am in Freiham", Otto Meitinger-Str. 10, 81248 München-Freiham

Projektbeginn / Baubeginn / Fertigstellung:
Zuschlag für das Grundstück 2019, Baubeginn 3/2021, Einzug 12/2022

Anzahl der Parteien: 61

Rechtsform:
Genossenschaft

Kosten / Finanzierung, Name der Bank:
23,4 Mio. / Umweltbank / gefördert von der Stadt München und dem Land Bayern (sozial geförderte Wohnungen)

Art des Bauprojekts:
Neubau, inklusives Wohngebäude

Architekt:
Zwischenräume München, Roswitha Näbauer

Projektleiter:
Dreiköpfiger Vorstand – Michael Kroll (Architekt), Projektentwicklung und -leitung, Bernhard Brodmeier (Architekt), Projektplanung und -ausführung, Thomas Winter, Bewirtschaftung und Verwaltung

Philosophie:
Inklusiver Gedanke, Benachteiligte nicht ausschließen, Teilhabe für alle

Besonderheiten:
- 2 Gemeinschaftsräume
- Gemeinschafts- und Dachgarten
- Mobilitätsstation mit zwei Sharing-Cars und Lastenrädern zum Ausleihen
- Paketstation
- 2 Appartements zum Vermieten
- Werkstatt
- Waschraum
- Coworking Space

Besondere Schwierigkeiten:
Die Bereitschaft zum kooperativen Miteinander hat bei den Projektbeteiligten (insbesondere bei einigen Firmen und Fachplanern) abgenommen, offensichtlich wegen Arbeits- und Auftrags-Überlastung. Ausnahme: die Landeshauptstadt München! Hier sind Abstimmung und Förderung lobenswert!

Besonders gut gelungen:
Die Architektur und generell die Gestaltung mit dem zum Nachbarn, dem Haus der KooGro-Genossenschaft, offenen Garten. Die Erschließung der Wohnungen über die Laubengänge. Die Abstimmung mit den Nachbarn. Und wir sind stolz, dass wir den hohen Anteil an Gemeinschaftsflächen bezahlen konnten.

Was noch realisiert oder besser werden soll:
Der Inklusionsgedanke muss nun noch gelebt werden. Die Idee und die räumlichen Voraussetzungen gibt es. Auch verschiedenen AG`s funktionieren schon recht gut. Aber einigen Bewohnerinnen und Bewohnern ist noch nicht bewusst, was für Ressourcen und Entfaltungsmöglichkeiten das Projekt bietet.

Praktische Tipps für Interessenten an einem Gemeinschaftsprojekt:
Die Gruppenmitglieder sollten frühzeitig formulieren, was sie sie sich vom gemeinschaftlichen Wohnen erwarten. Am besten die Wünsche auf Karteikarten schreiben und später noch einmal hervorholen, um zu überprüfen, ob an alles gedacht worden ist während der Planungsphase und ob alles realisiert werden kann.

Ermutigungssätze für Menschen, die sich ein Gemeinschafts-Wohnprojekt wünschen:
Gemeinschaftlich wohnen ist eine der wenigen Chancen, das unmittelbare Lebensumfeld selbst zu gestalten, und das aus einer gemeinsamen Idee heraus. So ein Projekt schafft große Entfaltungsmöglichkeiten. Man ist nie allein! Auch wenn es zu Krisen oder Problemen kommt.

www.raumfair.de

Wir wohnen in einem umgebauten Hotel

Interview mit Irmina Körholz, Wohnprojektberaterin (Stiftung Trias), Eutin, Schleswig-Holstein

Ruft man die Homepage von „zusammen wohnen - gemeinschaftlich leben" auf, poppt ein besonderes Angebot auf: ein Orientierungsworkshop in Bad Malente mit der Frage „Gemeinschaftlich wohnen - Ist das was für mich?". Diese Frage und viele weitere klären Interessierte mit Unterstützung des „Beratungskollektivs im Norden", wie sich die vier Experten nennen, die dahinterstecken. Eine davon ist Irmina Körholz, mit der ich ein Zoom-Interview führe, weil der Weg von München nach Schleswig-Holstein doch etwas weit ist.

Ein bisschen schade finde ich es dann doch, dass ich nicht persönlich vor Ort bin, als die Wohnprojektberaterin mir erzählt, dass sie in einem besonderen Projekt lebt, nämlich in einem umgebauten Hotel! Was für eine coole Idee! „Kern sind zwei mit einem Glasgang verbundene Stadtwohnhäuser von 1850, die zusammen als `Das kleine Hotel` betrieben wurden", berichtet sie. „Als wir hörten, dass die Besitzerin verkaufen möchte, hat unsere kleine Gründungsgruppe das Mietshäuser Syndikat kontaktiert und unter dem Dach dieses solidarischen Projektverbunds das Haus erworben. Heute leben 16 Erwachsene und vier Kinder hier mit bezahlbaren Mieten, teilweise in Wohn-Clustern."

> ***„Mein persönliches Anliegen ist, die Idee des gemeinschaftlichen Wohnens in die Breite zu bringen."***

Wie man sich denken kann, waren einige Umbauten nötig, um aus Hotelzimmern Wohnungen zu machen. „Teilweise haben wir Bäder in Küchen umgewandelt, weil

Ein wahres Schmuckstück ist das Gemeinschafts-Wohnhaus Analog 6.8., ein ehemaliges Hotel in Eutin.

v. l. n. r. Dr. Alistair Adam Hernández, Sara Reimann, Irmina Körholz und Magnus Pagendarm

da ja Wasseranschlüsse vorhanden waren", erzählt Irmina Körholz. „Die Struktur hat schon sehr viel ermöglicht – von kleinen Einzelzimmern mit Duschbad über 2-3-Raum-Einheiten und WGs bis hin zu Gemeinschaftsküche, Café-Raum und Saal im ehemaligen Frühstücksraum. Es ist alles so flexibel, dass hausintern schon einige umgezogen sind, wenn sich die Bedürfnisse geändert haben."

Ökologisch sanierte Berliner Altbauten und Plus-Energie-Neubau

Irmina Körholz ist eine perfekte Beraterin für Gemeinschaftswohnprojekte, weil sie selbst seit über 20 Jahren in Wohnprojekten lebt und mehrere mitgeplant und aufgebaut hat, vor allem in Berlin-Lichtenberg: Wönnich 103 und Lichte Weiten heißen die ambitioniert ökologisch umgebauten Altbau-Häuser und LaVidaVerde ein Plus-Energie-Neubau. „Damals, um die Jahrtausendwende, waren wir noch Exoten und mussten lange mit der Bank diskutieren, um eine Finanzierung für unsere Wohnideen zu bekommen", erinnert sich Irmina Körholz. „Heute sind z. B. die GLS und die Umweltbank verlässliche Banken. Es gibt mögliche Kooperationspartner wie das Mietshäuser Syndikat oder die Stiftung trias sowie Literatur zum Thema."

> ***„Ein Gruppenprozess ist ein Werden und Wachsen.***
> ***Wenn ich etwas hineingebe und kooperiere,***
> ***erlebe ich Verbindung und wir sind produktiver."***

Das Haus Lichte Weiten etwa gehört dem Hausverein, das Grundstück der Stiftung trias. Diese „Gemeinnützige Stiftung für Boden, Ökologie und Wohnen" mit Sitz in Hattingen, Ruhr, kauft bevorzugt Grundstücke und stellt sie meist als eingetragener Verein organisierten Gruppen gegen Erbbauzins zur Verfügung. In der Regel werden die Gebäude ökologisch renoviert oder errichtet. Sie werden dann selbstorganisiert kostengünstig vermietet.

Mit einer einjährigen berufsbegleitenden Ausbildung zur Wohnprojektberaterin bei der Stiftung trias hat die gelernte Tischlerin und Architektin ihre lange Erfahrung ergänzt.

Nach 20 Jahren in der Wönnich 103 war sie mit ihrer fünfköpfigen Wahlfamilie etwas Berlin-müde. Gemeinsam fanden sie das Hotel in Eutin, das heute „Analog 6.8" heißt.

Gruppen, Kommunen und Grundstückseigentümer als Zielgruppen

„Wir glauben, dass es gerade im norddeutschen Raum einen großen Bedarf für Beratung zu gemeinschaftlichen Wohnprojekten gibt", sagt sie. Daher hat sie sich mit Magnus Pagendarm aus Hamburg sowie Sara Reimann und Dr. Alistair Adam Hernández aus Hannover zusammengetan. Die Hannoveraner Kollektivmitglieder stecken nebenbei selber in einem Gründungsprozess. Sie wollen demnächst ins Ecovillage Hannover ziehen, ein genossenschaftlich organisiertes Dorf in der Stadt.

Das Beratungskollektiv hat drei Standbeine:

1. Gruppen. Was hält uns zusammen, was verbindet uns? Wie werden wir eine Gemeinschaft, die den anstrengenden Prozess bis zum Einzug durchsteht und dann mit Freude zusammenwohnt? Wie gehen wir damit um, wenn es mal kracht? Einige aus einer Vielzahl von Fragen, bei denen die Experten Gruppen in ihren Prozessen begleiten. Sie bieten fachliche Beratung und unterstützen diese Initiativen bis zum Einzug, aber auch nach Bedarf in der Wohnphase.

2. Kommunen im ländlichen Raum. Dort kommt langsam an, dass Angebote für veränderte Wohnbedürfnisse wichtig sind. Die Corona-Pandemie und die in dieser Zeit weiterentwickelten digitalen Arbeitsmöglichkeiten haben den Schub raus aus den Städten mitbefördert. Wohnmöglichkeiten auf dem Land sind für junge Menschen, Paare und junge Familien zwar bezahlbarer, aber oft nicht sehr attraktiv. Was fehlt, sind Coworking-Möglichkeiten und Begegnungsräume. Diese sollten die Kommunen etwa bei genossenschaftlichen Wohnprojekten gleich mitplanen. Gleichzeitig wollen ältere Menschen in ihrer angestammten Umgebung bleiben. Sie brauchen nicht nur eine medizinische, sondern auch eine soziale Versorgung. Dafür braucht es passende Wohnkonzepte und öffentliche Begegnungsorte. Das Kollektiv unterstützt diese Wandelprozesse.

3. Grundstückseigentümer. Gemeinschaftsprojekte können für Immobilienbesitzer ein interessantes Klientel sein. Projektgruppen tragen durch den Zusammenhalt oder durch soziale oder kulturelle Angebote an die Nachbarschaft zur Steigerung der Lebensqualität vor Ort bei. Die Berater helfen den Eigentümern, beispielsweise eine passende Gruppe zu finden. Das hat auch durchaus ökologische Vorteile, etwa den Erhalt von Altbausubstanz, oder einen sozialen Mehrwert: Alleine leben und zu vereinsamen kann doch für niemanden von Interesse sein. „Es gibt ja durchaus ältere Hauseigentümer, die keine Erben haben. An die Besitzübergabe an ein Gemeinschaftsprojekt, an die trias-Stiftung oder das Mietshäuser Syndikat beispielsweise denken viele bislang gar nicht", bedauert Irmina Körholz.

„Mein persönliches Anliegen ist, die Idee des gemeinschaftlichen Wohnens in die Breite zu bringen. Die Herausforderungen in Städten und Ballungsräumen sind groß. Die Grundstückspreise und Baukosten explodieren, passende Grundstücke sind rar. Selbst mit einem mittleren Einkommen ist es schon schwierig, bezahlbaren Wohnraum zu finden. Hier ist noch viel Spielraum für Solidarmodelle." Der Leerstand von Büro- und Gewerbeflächen könnte in den nächsten Jahren ein Thema in vielen Gemeinden werden. Ein interessantes Feld für Wohnprojekte, meint die Expertin. Na klar, wenn ein Hotel umgebaut werden kann von einer engagierten Gruppe, dann ginge das sicher auch mit nicht mehr benötigtem Büroraum oder Kaufhäusern.

Verzicht auf individuelle Wohnfläche als Vorteil

Was beobachtet Irmina Körholz in den Gruppen, die sie berät? „Ich finde es interessant, dass der durchschnittliche deutsche Flächenbedarf auf 55,5 qm gewachsen ist, aber Mitglieder in Gemeinschaftsprojekten bereit sind, auf weniger eigener Fläche zu leben. Je vertrauter die Menschen im Kennenlernprozess werden, desto bereiter sind sie, sich gerne in ihrem individuellen Raumbedarf zu beschränken. Projekteigene Gästezimmer und oft vielfältige Gemeinschaftsräume, etwa für größere Feiern, schaffen neue Wohnqualitäten, und insgesamt ist es preisgünstiger."

„Was im Projekt trägt, ist das Wissen: Alle zusammen schaffen vielfältige Mehrwerte, die keiner alleine vollbringen kann."

Wie sieht die Anspruchs- und Erwartungshaltung von Interessenten aus Ihrer Erfahrung an Gruppen aus? „Menschen mit überzogenen Erwartungen sind die Ersten, die aus einem Projekt wieder aussteigen. Wenig hilfreich ist eine Haltung: Wenn ich schon in eine Gruppe gehe, dann will ich aber Dies und Das dafür bekommen. Förderlich ist dagegen: Ich möchte in einer Gemeinschaft leben und bin bereit, mich einzulassen, auch Energie da reinzustecken. Ein Gruppenprozess ist ein Werden und Wachsen. Wenn ich etwas hineingebe und kooperiere, sind wir produktiver. Alle können dabei Verbindung und Wertschätzung erleben und belohnen sich so auf eine nicht materielle Weise."

Ihr Rat für alle „Willigen": „Fragen Sie sich in der Orientierungsphase ganz ehrlich, ob das etwas für Sie wäre. Passt das für mich, macht es für mich Sinn, mich mit anderen auf den Weg zu machen? Bin ich bereit, mich zu engagieren oder bin ich vielleicht doch zu bequem? Kommen meine individuellen Bedürfnisse zu kurz? Ein bisschen Herzblut gehört schon zum Einstieg in ein Gemeinschaftsprojekt. Was im Projekt trägt, ist das Wissen: Alle zusammen schaffen vielfältige Mehrwerte, in ökonomischer, ökologischer und sozialer Hinsicht, die niemand alleine vollbringen kann."

Zum Schluss ein Zitat aus der Eigenbeschreibung von Irmina Körholz: „Es hat sich meine Überzeugung stetig gefestigt, dass gemeinschaftlich organisiertes Wohnen, Arbeiten, Leben hervorragend geeignet sind, den Herausforderungen unserer Zeit zu begegnen – mit Mut und Verantwortungsgefühl, mit persönlichem Wachstum und mit Lebenslust."

HR

Irmina Körholz im Wintergarten

Unterstützung:

- Beratungskollektiv im Norden – www.gemeinschaftlich-leben.vision
- Mietshäuser Syndikat – www.syndikat.org
- Stiftung trias – www.stiftung-trias.de

Schattiges Plätzchen unter dem Birnbaum im Gemeinschaftsgarten

Mit einer Baugemeinschaft bauen

Gernot und Rena Vallentin, ArchitekturWerkstatt Vallentin, München, haben u. a. das StadtNatur-Haus in München-Riem realisiert

Es war Mitte der 90er Jahre, als ich anfing, mich für Holzhäuser zu interessieren. Im Rahmen meiner Tätigkeit für die Sonderseiten der Süddeutschen Zeitung hatte ich auch mit den Themen „Bauen und Wohnen" zu tun und stieß dabei auf ein Holzhaus im Landkreis Erding, das von Gernot Vallentin gebaut worden war. Ich fand heraus, dass der Architekt Mitbegründer des Vereins „Energiewende-Kreis Erding e. V." war, der übrigens heute noch existiert. 1993 hatte ich mein Büro als selbstständige Kultur PR-Beraterin und Journalistin auf Schloss Aufhausen bei Erding bezogen und nahm Kontakt zu Gernot Vallentin auf. Über sein erstes energiesparendes Holzhaus in Herdweg-Ottenhofen, das 1996 bezugsfertig war, schrieb ich dann auch für die Bau-Fachzeitschrift „Quadriga", die nur wenige Jahre erschien, und für die heute noch existierende Holzbau-Fachzeitschrift „Mikado".

Holzhaus-Geschossbau im Prinz-Eugen-Park

Zeitensprung: 2018 suchten mein Mann und ich ein Haus fürs Alter (s. auch meine Autorin-Geschichte in diesem Buch). Nachdem ich zwischenzeitlich PR gemacht hatte für das Chiemgauer Holzhaus und von der Wohnqualität von Holz als nachwachsendem Rohstoff überzeugt bin, sollte es nun endlich ein Holzhaus werden. Über einen Berliner Schulfreund erfuhr ich von einer groß angelegten Mustersiedlung für Wohnungen im Holzhaus-Geschossbau auf dem Gelände der ehemaligen Prinz-Eugen-Kaserne in München und recherchierte im Internet, ob da vielleicht noch etwas zu haben wäre. Und ups – da sah ich unter 22 Projekten den Namen von Gernot und Rena Vallentin wieder. Sie hat-

Rena und Gernot Vallentin mit dem Modell

Preisverleihung „Partner Energiewende“

Grundsteinlegung im Regen am 10. Mai 2019

Einweihungs-Sommerfest 2022

Das Bewerbungsmodell für StadtNatur

ten im Prinz-Eugen-Park, kurz PEP getauften Gelände, ein Holzbau-Quartier in Passivhausbauweise als Gemeinschafts-Bauprojekt initiiert. Ihr Architektur-Büro in Dorfen bei Erding gab es immer noch, inzwischen ein zweites in München. Aber leider waren bei der Baugemeinschaft Team hoch 3 im PEP schon alle Wohnungen vergeben, wie mir die Homepage der ArchitekturWerkstatt Vallentin verriet.

Und noch einmal ups: Die Architekten hatten gerade ein neues Bauprojekt gestartet, das Holz-Hybrid-Haus „StadtNatur" in München-Riem, für das noch Mitstreiter gesucht wurden! Ich war wie elektrisiert und fuhr sofort zu dem vorgesehenen Bauplatz an der Erdinger Straße (!), Ecke Elisabeth-Baerlein-Straße, an dem mir eine große Bautafel mit Foto-Montagen schmackhaft machte, was da gebaut werden sollte. Die Lage gefiel mir außerordentlich gut! Ruhig mit Blick in einen kleinen Stadtpark, noch halb-ländlich am östlichen Stadtrand von München und dank der nahen S-Bahnstation Riem supergut angebunden. Noch am selben Tag schrieb ich eine e-mail an die ArchitekturWerkstatt. Und siehe da: Gernot konnte sich an mich erinnern. Rena Vallentin, mit der er seit 1996 die ArchitekturWerkstatt gemeinsam führt, verkündete mir gar die frohe Botschaft, dass in wenigen Tagen wieder ein Interessenten-Treffen stattfinden würde. Der Rest ist Geschichte ...

Starke Rolle der Architektin und des Architekten

Erneuter Zeitensprung: Im September 2023 treffen wir uns zum Interview beim Mittagessen in München, um die Ecke ihres neuen Büros unweit des Münchner Hauptbahnhofs. Dank ihrer innovativen Konzepte mit dem Schwerpunkt auf Nachhaltigkeit hat die ArchitekturWerkstatt Vallentin so viele junge Mitarbeiterinnen und Mitarbeiter, dass größere Räume und vor allem ein innerstädtisches Ambiente nötig wurden. Exkurs: Eine 100 qm-Wohnung zur gewerblichen Nutzung in unserem StadtNatur-Haus hatte das Büro Vallentin selbst gekauft und mit ihrem Büro für zwei Jahre bezogen. Heute ist dort eine Physiotherapie-Praxis einer Miteigentümerin untergebracht. Auch sehr praktisch!

Drei Jahre haben wir nun schon Erfahrungen gesammelt, was wie und warum gut in unserer Bau-Eigentümergemeinschaft läuft. Meine These: Wir hatten so wenig interne Reibungspunkte, weil wir vom Team Vallentin mit deren engagierten Architektinnen und Architekten eine sehr gute Betreuung hatten. Auch wenn der „Kostendeckel" der Stadt München keine großen Spielräume zuließ, war es die starke Rolle der Architektur, die uns beim gesamten Prozess hilfreich begleitet hat. Was meinen die beiden dazu?

> ***„Für eine gelungene Architektur muss man vorausschauend agieren."***

„Meine Aufgabe als Architekt ist stets, das Beste aus einem Projekt herauszuholen", meint Gernot Vallentin. „Aufgrund unserer gemeinsamen, jahrzehntelangen Erfahrung sind wir bei einem Bauprojekt in der Lage, Vieles vorauszusehen und entsprechend zu agieren. Diese starke Rolle muss man sehr bewusst einsetzen. Für eine gelungene Architektur muss man vorausschauend agieren."

Rena Vallentin ergänzt: „Man muss bedenken, dass wir die Initiatoren des Projekts waren und alle Eckpunkte bereits entwickelt hatten, d. h. das Gebäudekonzept mit Tragwerk-Konstruktionen, Wohnungsmix, Nachhaltigkeitsaspekte, Energieeffizienz, Ressourcenschonung, Dach- und Fassadenbegrünung, Gemeinschaftskonzept mit Gemeinschaftsräumen und Mobilitätskonzept. Damit sind wir ins Rennen gegangen zur Bewerbung um den Kauf des städtischen Grundstücks." Mit diesem schlüssigen Gesamtkonzept war die Bewerbung der Baugemeinschaft StadtNatur letztendlich erfolgreich.

35 Parteien-Haus statt Reihenhäuser

„Wir haben den Wettbewerb für das städtische Grundstück u. a. auch deshalb gewonnen, weil wir so viele Gemeinschaftsflächen geplant haben", erinnert sich Rena Vallentin an die Anfänge des Projekts 2016. „Der Stadt ist zunächst nichts eingefallen zu diesem schmalen Grundstück mit dem Park im Süden. Da sollten ursprünglich wenige Reihenhauseinheiten entstehen." Heute wohnen 35 Parteien in unserem StadtNatur-Haus! Dazu gibt es einen großen Gemeinschaftsraum, drei Gäste-Appartements im Gemeinschaftseigentum, einen Gemeinschaftsgarten, Werkstatt, Waschraum etc.

> ***„Architektin und Architekt müssen die Fähigkeit haben, Eitelkeiten und Egoismus zu erspüren, die beide kontraproduktiv für die Gemeinschaft sind."***

Rena Vallentin, als Diplom-Kauffrau, übernahm bei diesem, wie auch bei anderen Projekten mit Baugemeinschaften die Informationsveranstaltungen für Interessenten und neue Mitglieder. Das war eine eher ungewöhnliche Rolle innerhalb eines Architekturbüros. Als Initiatoren hatten die Architekten ein großes Interesse, das Projekt erfolgreich umzusetzen.

„Es ist wichtig, Ideen zu visualisieren. Wir sind gut darin, kreative Konzepte zu entwickeln und sie anfassbar zu machen. Nur so können Emotionen geweckt werden." Gernot Vallentin konkretisiert das: „Architektur muss organisieren können und Ideen für den Menschen verständlich machen. Sie muss Einfühlungsvermögen haben und gut kommunizieren können. Im Falle eines Gemeinschaftsprojekts heißt das: Architektin und Architekt müssen die Fähigkeit haben, Eitelkeiten und Egoismus zu erspüren, die beide kontraproduktiv für die Gemeinschaft sind." Klar, dass es da unter Stress auch dünnhäutige Phasen gibt, wo die beteiligten Parteien hochemotional reagieren. Aber das gehört zu einem abstimmungsintensiven Bauprozess dazu.

Individuelle und gemeinschaftliche Interessen

Was ist das Besondere bei Baugemeinschaften? Welche Rolle sollten die Architekten hier einnehmen? „Im Spannungsfeld Baugemeinschaft agieren wir zwischen individuellen und gemeinschaftlichen Interessen. Gelungene Architektur schafft, dass aus dem Spannungsfeld eine Symbiose entsteht, d. h. Gemeinwohl und Individualität harmonieren", sagt Gernot Vallentin.

„Wir bringen die vielen Akteure zusammen und erklären dem Bauherrn die Zusammenhänge."

Dabei sollte das Haus einer Baugemeinschaft keine „Insel der Seligen" sein, sondern ins Quartier wirken. Rena Vallentin ist dieser Aspekt besonders wichtig: „Architektur hat die Aufgabe, an das Umfeld/Quartier Positives zurückzugeben: zeitlose Gestaltung, Nachhaltigkeit, Einbeziehung der Nachbarschaft. Mit einem Wort: Aufenthaltsqualität."

„Als Architekturbüro achten wir darauf, wie Dinge genau umgesetzt werden können. Damit alles gut baubar ist, werden Fachplaner und ausführende Firmen bei der Umsetzung einbezogen. Auch die Zusammenarbeit mit den Behörden und Förderstellen ist wichtig. Alles muss im Einvernehmen sein. Wir bringen die vielen Akteure zusammen und erklären dem Bauherrn die Zusammenhänge. Als Architekt muss ich meine Verantwortung für das gesamte Gebäude wahrnehmen und die Kosten im Blick haben.
Als Auftraggeber muss die Baugemeinschaft in regelmäßigen Treffen informiert werden und zu Entscheidungen kommen. Ein kooperatives Miteinander ist hier gefragt."

Dieses Miteinander hat beim Bauprojekt StadtNatur hervorragend funktioniert. Ein Meilenstein war der Bauantrag mit allen festgelegten Eigenschaften des Hauses. Weitere wichtige Erfolge waren die Abschlüsse der Bauverträge mit vielen regionalen Firmen wie Baumeister, Holzbau oder Ausbau. „Die Ausschreibungen haben wir sehr früh gemacht. Das war ein großer Vorteil, weil Zeit zum Verhandeln blieb", erinnert sich Gernot. „Die Verträge wurden mit den einzelnen Firmen und der Baugemeinschaft stets zu fairen Konditionen geschlossen. Ein Glück für die Baugruppe war das Verhandlungsgeschick der aus ihren Reihen gewählten Geschäftsführer." Immer unterstützt von der ArchitekturWerkstatt Vallentin, bleibt hinzuzufügen.

Projektsteuerer und Bausachverständiger

Beim Einfamilienhaus-Bau ist ein Architekt so nah am Bauherrn dran, dass man oft fast befreundet ist (sofern alles gut geht). Bei einem Gemeinschaftshaus muss man dagegen Antennen für viele Menschen haben. Viel psychologisches Fingerspitzengefühl und Geduld sind gefragt. Nicht immer einfach im Alltagsgeschäft. Oft wird deshalb ein Projektsteuerer dazwischengeschaltet. Seine Aufgabe ist es, die Gruppe zu Ergebnissen zu führen und das Projekt voranzubringen. Er hilft bei der Art der Finanzierung, moderiert die Gemeinschaftstreffen und unterstützt den Bauherrn und das Planungsteam.

„Bauen ist so komplex, dass man auf die Kompetenz der Fachleute, die man beauftragt hat, vertrauen muss."

„Für die einzelnen Gruppenmitglieder ist es manchmal nötig, persönliche Vorstellungen nach hinten zu stellen. Vielmehr muss man sich immer wieder daran erinnern, das Große und Ganze zu sehen. Bauen ist schließlich so komplex, dass man auf die Kompetenz der Fachleute, die man beauftragt hat, vertrauen muss und sollte", sagt Gernot Vallentin. „Wir arbeiten seit dem Bau des StadtNatur-Hauses sehr gern mit dem Regensburger Bausachverständigen Carl Hollinger zusammen, um mögliche Probleme bei der handwerklichen Ausführung zu lösen."

Einen zeitlosen Baukörper schaffen

Wie gehen die Architekten mit Individualisierungswünschen um? „Für mich stellt sich die Grundfrage: Bist Du glücklicher, wenn Du etwas realisierst, was Dich von anderen unterscheidet, oder ist das nur ein kurzweiliger Wunsch, ähnlich wie beim angeblich individuellen Auto oder der Mode?", antwortet Gernot Vallentin. „Als Architekt ist es für mich nicht entscheidend, welche Fliesen, Armaturen oder Griffe jemand für seine Wohnung wählt, um den Eindruck von Individualität zu haben. Gern diskutiert werden auch immer wieder Farbkonzepte. Meines Erachtens wird Farbe immer unwichtiger, weil sie zu sehr trendig ist. Mein moralischer Anspruch ist: Man sollte auch nach zehn, 20 Jahren noch sagen können: Das passt!"

„Die Bewohner sollen sich wiederfinden im Bauprojekt und sich mit dem Ergebnis wohlfühlen."

Und weiter: „Unser Entwurf für StadtNatur versucht, einen von Design-Strömungen unabhängigen Baukörper zu schaffen, etwas Zeitloses. Das gilt auch für die Grundrisse. Gute Architektur erkennt man daran, dass so gebaut wurde, wie es im Vorfeld geplant wurde. Die Bewohner sollen sich wiederfinden im Bauprojekt und sich mit dem Ergebnis wohlfühlen."

Rena Vallentin: „Einfach und klar sollte ein Baukörper sein. Das StadtNatur-Haus ist ein prima Beispiel dafür und wurde dafür auch schon mehrfach prämiiert, vom Bayerischen Staatsministerium für Wirtschaft, Landesentwicklung und Energie, den Münchner Architektouren und dem Passivhaus-Award."

PassivhausPlus und eigene Energie GbR

Die grundlegende Forderung der Stadt München nach energetisch hochwertigem und gleichzeitig kostengünstigem Bauen ist ganz im Sinne der ArchitekturWerkstatt Vallentin, die seit fast 30 Jahren genauso baut – vom 1000. Passivhaus Deutschlands, der Kinderkrippe Lengdorf im Landkreis Erding, über die Montessori-Schule in Aufkirchen bis zum neuen Garten Quartier Unterschleißheim bei München.

Ein Passivhaus Plus war Teil des Bewerbungskonzeptes für das StadtNatur-Haus – mit bodentiefen, dreifach verglasten Fensterfronten nach Süden, etwas schmaleren Fenstern gen Norden und einer kontrollierten Be- und Entlüftungsanlage. Die Energieversorgung über eine Grundwasser-Wärmepumpe, die den Strom von einer eigenen PV-Anlage bezieht, war von Anfang an Teil des Konzepts. Die komplette Abwicklung hat dann die eigens gegründete StadtNatur Energie GbR übernommen, die aus dem Kreis der Baugemeinschaft entstand.

„Das war eine der vorbildlichen, gemeinschaftlich gefundenen Lösungen. Was die Gruppe da geleistet hat, ist wirklich grandios", freuen sich die beiden. „Das ist ein Best Practice-Beispiel par excellence, das auch Fachleute überzeugt und hoffentlich Viele zur Nachahmung anregt. Die Baugemeinschaft gibt ihre Erfahrungen gern weiter."

Die StadtNatur Energie GbR agiert als eigenständiger Stromeinkäufer, der ganz andere Preise verhandeln kann als jeder Privatbezieher.

Das Besondere hier: Alle Baugemeinschaftsmitglieder sind mit einer Einlage von 5.000 Euro, die über eine Laufzeit von 10 Jahren wieder zurückgezahlt wird, auch Mitglieder in der StadtNatur Energie GbR. Diese managt in Eigenregie die Stromversorgung des Hauses. Die Anlage fördert übers Jahr gesehen mehr Strom als im Haus überhaupt gebraucht wird.
Trotzdem wird in den Wintermonaten und nachts natürlich zusätzlicher Strom gebraucht. Hier agiert die StadtNatur Energie GbR als eigenständiger Stromeinkäufer, der ganz andere Preise verhandeln kann als jeder Privatbezieher. So ist es bis heute gelungen, einen Strompreis von 25 Cent pro kWh zu halten. Das ist konkurrenzlos billig. Deswegen beziehen auch alle Parteien im Haus den Strom von der eigenen GbR. Verpflichtend ist das nicht. Aber es gibt keine Partei, die sich hier ausgeschlossen hat. Dass es für diese energetische Lösung auch Fördergelder gibt, ist ebenso schön wie die monatlich niedrigen Strom- und Heizkostenabrechnungen.

Wichtig: Laubengänge als Orte der Begegnung

Ein wichtiges Element, das viele Gemeinschaftsprojekte auszeichnet, sind Laubengänge. So auch beim StadtNatur-Haus, wo sich die fast zwei Meter breiten Laubengänge im ersten und zweiten Stockwerk als Orte der Begegnung bestens bewährt haben. „Wir haben einige Laubengänge an den verschiedensten Häusern persönlich angeschaut", erzählt Rena. „Ich habe sie fotografiert und mit dem Meterstab vermessen, um die Dimensionen zu erkennen. Wir haben das auf uns wirken lassen und uns gefragt, warum funktioniert es oder funktioniert es nicht? Wo steht eine Stütze, wo ist ein Geländer? Wir haben alles gemacht, damit der Laubengang eine hohe Aufenthaltsqualität erreicht." Für die Ausbildung des Laubengangs als Begegnungsstätte war ein entsprechendes Brandschutzkonzept nötig, mit jeweils einem Treppenhaus am Ende des Laubengangs. Vor den Erdgeschosswohnungen sind statt des Laubengangs kleine Einbuchtungen entstanden, die jeweils für zwei Parteien als vielfältig nutzbarer Vorplatz dienen.

„Gemeinschaftlich wohnen ist zukunftsgewandtes Wohnen."

Man merkt die Leidenschaft und das persönliche Verbundensein des Ehe- und Arbeitspaares mit ihren Häusern. Gern würden sie mehr Gemeinschaftsprojekte realisieren, auch im Bestandsbau, etwa in Form von Bürohaus- oder Kaufhaus-Umwandlungen in Wohnhäuser. Denn: „Gemeinschaftlich wohnen ist zukunftsgewandtes Wohnen. Es ist die Wohnform, die die Bedürfnisse des urbanen Wohnens zusammenbringt mit menschlichen Kontakten, und das ohne die Enge von Dorfgemeinschaften. Das Beste aus beiden Welten, aus Stadt und Dorf, findet hier eine Symbiose."

HR

III Wie wollen wir in Zukunft wohnen?

Gemeinschaft ist Leben

Ein sozio-kultureller Ausblick von Trendforscher und Zukunftssoziologe Michael Konitzer

Der Mensch ist nicht fürs Allein-Sein gebaut. Er ist ein soziales Wesen. Ein knapper Blick in die Menschheitsgeschichte und die Evolution des Homo Sapiens zeigt das.

- Nur in der Gruppe hatte der Mensch einst eine Chance zu überleben. Er wäre zu schwach, zu langsam und zu klein gewesen, um allein zu bestehen. Nur in der Gruppe war er stark.
- Nur in der Gruppe konnte der Mensch als einziges Lebewesen Feuer bändigen. Also Feuer in Gang halten oder neu zu entzünden.
- Feuer war nötig, um Speisen zu garen und so eine viel höhere Energieausbeute aus Nahrungsmitteln zu gewinnen. Das erst machte die Entstehung menschlicher Intelligenz möglich.
- Der Mensch braucht viel Energie für seine Intelligenz. Das Gehirn ist das Organ mit dem höchsten Kalorien- und Glukosebedarf.
- Intelligenz – und dann Sprache konnte sich nur im Austausch mit anderen Menschen, ihren Erfahrungen, Ideen und Meinungen entwickeln.
- Sprache macht nur Sinn in einem kommunikativen Umfeld mit vielen anderen Menschen.
- Auch das Überleben als Gattung war nur in der Gruppe möglich. Säuglinge brauchen besonders lange Ernährung und Fürsorge, zehn Jahre und mehr, bevor sie „flügge" sind.

Der Mensch ist ein spezielles Wesen. Speziell, weil es als Gruppenwesen so stark wurde, dass es die herrschende Spezies der Welt werden konnte. Das ist – unbewusst – unser Wissen: Nur in der Gruppe, in einer funktionierenden Gemeinschaft können wir leben und gedeihen. Das ist in unseren Genen verankert und zieht sich als Ur-Wissen durch all unsere Mythen und Erzählungen.

Nur in der Gruppe, in einer funktionierenden Gemeinschaft können wir leben und gedeihen.

Zusammenleben als Schlüssel zur Macht

Über Jahrtausende war das – mehr oder weniger gedeihliche – Zusammenleben der Menschen ihr Schlüssel zur Macht: von den nomadischen Gruppen über die ersten Siedlungen bis zu den ersten Städten in Mesopotamien, im Gebiet der heutigen Ukraine, im alten Ägypten, im antiken Griechenland und im Römischen Reich.

Die griechischen Philosophen, auch asiatische Denker, machten sich ausgiebig Gedanken, wie sich eine Gruppe als Gemeinschaft und dann als funktionierende Gesellschaft organisieren kann. Die Idee der Demokratie, der Herrschaft der Bürger, sprich der Einzelnen in einer großen Gruppe, wurde geboren.

Wir sind heute das Ergebnis eines jahrtausendelangen Zusammenlebens in Gemeinschaften. Es steckt in uns tief drin. Entsprechend haben wir auch unser Wohnen organisiert. In Weilern, Dörfern und Städten, in Hof- oder Hausgemeinschaften und Kiezen. Speziell mit der industriellen Revolution im 19. Jahrhundert drängten die Menschen, die Arbeiter, in die Städte. Auch als Flucht vor der Allmacht und der Ausbeutung der (adligen) Großgrundbesitzer.

Die Idee des Individualismus

Was ist dann passiert, dass wir uns heute von der Idee gemeinschaftlichen Lebens weitgehend verabschiedet haben? Ein Blick in andere Kulturen zeigt, dass ein Grund die aus der christlich-abendländischen Kultur entstandene Idee des Individualismus ist. Es scheint uns vorteilhafter, als Individuum originär und einzigartig zu sein, als der unscheinbare Teil einer Gruppe, der Masse. In Asien mit seiner Gruppen- und Konsens-Kultur und der Absenz von Individualismus war das Wohnen in (großen) Gruppen normal und Alltag. Und ist es bis heute.

Wir sind heute das Ergebnis eines jahrtausendelangen Zusammenlebens in Gemeinschaften.

Der Individualismus des Westens prägte einen Freiheitsbegriff, der Freiheit als Möglichkeit zur möglichst uneingeschränkten individuellen Entfaltung definierte, als Freiheit von jeder Rücksichtnahme. Freiheit kann man natürlich auch anders definieren. Etwa mit der Freiheit vor Ängsten und Sorgen, weil man sich in einer funktionierenden Gemeinschaft aufgehoben und sicher fühlt. Etwa in Wohn-Gemeinschaften. Aber da gab es noch eine ganz andere Idee ...

Das kleine Glück des Eigenheims

Die Misere unseres Wohnungs- und Grundstücksmarktes begann ziemlich genau um das Jahr 1900. Damals wurde im gesamten Deutschen Reich das Grundbuch eingeführt. Ab dem Zeitpunkt war der persönliche Besitz von Grund und Boden für jedermann erfass- und nachweisbar und war damit ein Gut, das in seinem Wert steigen konnte.

Seit dieser Zeit stand die Ideen, jedem Menschen einen bezahlbaren Wohnraum zu ermöglichen, im Wettbewerb mit der Idee, jeder könnte sein eigenes kleines Häuschen besitzen. So entstanden in vielen Großstädten große Wohnsiedlungen, die vorbildlich den Gemeinschaftsgedanken verwirklichten und oft bis heute funktionieren: in Wien etwa der Sandleitenhof, in München die Borstei oder in Berlin die Hufeisensiedlung Britz. Zugleich aber wurden auch kleine Eigenheim-Siedlungen gebaut: die Maikäfersiedlung in München Berg-am-Laim oder in Berlin die Gartenstadt Falkenberg.

Nach dem 2. Weltkrieg, genauer gesagt mit dem deutschen Wirtschaftswunder, machte das Eigenheim, das heißt das kleine Häuschen am Rande der Stadt – gerne auch Reihenhäuser – große Karriere. Es wurde besonders von den Christso-

zialen Parteien propagiert, aber auch von der FDP. Zitat Konrad Adenauer, CDU: „Gerade der Besitz¬lose (soll) durch Sparen, Selbsthilfe und öffentliche Förderungsmittel zum Eigenheim gelangen und so der Proletarisierung und der Vermassung entrissen werden. Das Familienheim mit Garten ist nach jeder Richtung hin als die glücklichste Verwirklichung des Familiengedankens anzusehen."
Diesen Rückzug ins Private kann man auch als Reaktion der Menschen auf die im NS-Staat herrschende Ideologie der Volksgemeinschaft sehen und auf die totale Vereinnahmung des Einzelnen durch die Masse: „Du bist nichts, dein Volk ist alles!" Der Gemeinschaftsbegriff war damit in der Nachkriegszeit und darüber hinaus noch lange Zeit hochgradig negativ besetzt.

Bausparvertrag und Zersiedelung

Entsprechend wurde der private Hausbau subventioniert und steuerlich gefördert. Zu bedauern war, wer damals keinen Bausparvertrag besaß. Und bis heute wird – speziell in ländlichen Regionen – der bedauert oder für wenig wert erachtet, der „gezwungen" ist, in einem Mehrfamilien- oder gar Mietshaus zu wohnen. Er hatte es nicht „geschafft", sein eigenes Heim zu schaffen. Nur da konnte das wahre Familienglück Wirklichkeit werden ...

> ***Die Zersiedelung in Einfamilienhaus-Kolonien***
> ***hat ein Ausmaß erreicht,***
> ***das unsere Städte unattraktiv macht.***

So kam es zunächst zur Zersiedelung unserer Städte mit den riesigen, sich gerne hinter Mauern verschanzenden, anonymen Eigenheimen. So begannen das Nebeneinander-her-Wohnen und der Stolz auf diese individuelle „Freiheit". So erodierte die Idee gemeinsamen Wohnens. Spätestens seit den 70er Jahren wurde der Begriff „Wohngemeinschaft" zum Unwort. Das typische deutsche Symbol für die Eigenheim-Isolation heißt ausgerechnet „Wüstenrot". Ein Synonym für riesige Wüsten roter Ziegeldächer?

Über 60 Prozent der Wohnungen in großen Städten werden heute von Singles bewohnt. Die Zersiedelung in Einfamilienhaus-Kolonien hat ein Ausmaß erreicht, das unsere Städte unattraktiv macht. Schicke Anwesen, die spätestens, wenn die Kinder aus dem Haus sind, zu großen Teilen leer stehen. Parallel dazu schießen die Mieten in abenteuerliche Höhen. In Familien geht oft schon das Einkommen eines der Ehepartner nur für die Miete drauf.

Anonym nebeneinander leben

So haben wir „erfolgreich" verlernt, gemeinsam zu wohnen und in Gemeinschaften zu leben. Und wenn, dann in immer mehr und größeren Eigentumswohnungskomplexen und Mietshäusern. Hier lebt man anonym nebeneinander. Man kennt sich nicht, man grüßt sich kaum. Keiner will vom anderen behelligt werden, keiner sich um den anderen kümmern. Am Schluss herrscht Einsamkeit.

Das System des Wohnens ist – nicht nur in Deutschland – in absoluter Schieflage. Hauptgrund dafür ist, dass ausgerechnet das wertvollste Gut, nämlich Grund und Boden, nicht beliebig vermehrbar ist. Darauf wird dieselbe kapitalistische Grundregel wie für jedes beliebig vermehrbare Produkt angewendet: Angebot und Nachfrage. Das kann nicht funktionieren.

Die Bodenpreise steigen weltweit seit Jahren ins Unermessliche. Das verteuert den Bau neuer Wohnungen exorbitant und verhindert so viele nötige bauliche Innovationen, ob nun ökologisches Bauen, klimagerechte Häuser oder gar gemeinschaftliches Bauen und Leben. Denn all diese wichtigen Maßnahmen verteuern angeblich sowieso schon überteuerte Neubauten ein weiteres Mal. Und wenn dann auch die Hypotheken-Zinsen steigen, wird so gut wie gar nicht mehr gebaut.

Die (Wieder-)Entdeckung der Gemeinsamkeit

Auch in den Zeiten größter Eigenheim-Manie wurde allerdings immer wieder gemeinschaftlich gelebt und gemeinschaftlich gebaut. Meist passierte das in großen Städten – und sehr oft aus politischem oder gesellschaftlichem Engagement. Die Hausbesetzer in Berlin legalisierten ihre Wohnungen und lebten so oft ihre

Gemeinschaft weiter. Fraueninitiativen sorgten sich um bezahlbaren Wohnraum für alleinerziehende Mütter und Seniorinnen.

Im Zeichen der Wohnungsnot in vielen Städten denken inzwischen viele Kommunen um und fördern gemeinschaftliches Bauen.

In Skandinavien, wo durch die herrschende Sozialdemokratie immer schon genossenschaftliches Bauen gefördert wurde, ist weiterhin sehr viel gemeinsames Wohnen ermöglicht worden. Ähnlich in Wien – oder auch in Zürich. Auch hier gab es vorbildliche Bau- und Wohngemeinschaften, weit bevor es auch bei uns wieder öfter geschieht.

Ganz andere Dimensionen hat das Wohnen in großen Gemeinschaften in Asien. Dort war es, vor allem in den riesigen Metropolen etwa von Hongkong, Singapur, Shanghai etc., eine Selbstverständlichkeit, den extrem raren Wohnraum möglichst klein (und damit bezahlbar) zu halten und in großen Gemeinschaften zu wohnen.

Im Zeichen der Wohnungsnot in vielen Städten denken inzwischen viele Kommunen um und fördern gemeinschaftliches Bauen. In München etwa werden städtische Grundstücke nicht mehr an Bauträger, sondern vorrangig an Genossenschaften verkauft. Mietergemeinschaften, denen der Verkauf ihres Hauses droht, wird von der Stadt geholfen, das Haus in Eigenregie zu erwerben.

Gemeinschaftliches Bauen, gerade in Genossenschaften, bedingt aber nicht immer ein wirklich gemeinsames Wohnen. Oft wird die Genossenschaft nur dafür genutzt, preiswerteren Wohnraum zu schaffen. Gemeinschaftseinrichtungen werden hier weggelassen, weil sie ja die Baukosten erhöhen würden. Das Ergebnis ist dann oft, vor allem wenn die künftigen Mieter nicht ausreichend in den Bauprozess eingebunden werden, ein braves Nebeneinanderher-Leben wie in konventionell gebauten Häusern.

Gemeinschaft organisieren

Glücklicherweise gibt es genug – ja immer mehr – Genossenschaften, die den anderen, den gemeinsamen Weg gehen. Sie binden die künftigen Bewohner von Anfang an in den Planungs- und Bauprozess ein. So können spezielle Bedürfnisse berücksichtigt und innovative Ideen verwirklicht werden. Vor allem aber lernt sich so die Hausgemeinschaft schon im Vorfeld kennen – und in der Regel – wertzuschätzen.
Solche Genossenschaften planen auch bewusst Orte der Begegnungen und des Miteinander in ihren Wohnungskomplexen ein: Gemeinschaftsräume, gemeinschaftliche Terrassen oder Gärten. Und es werden Gemeinschaftsappartements geschaffen, in denen Familie, Freunde oder Bekannte zeitweise untergebracht werden können.

Ausgleich und Konfliktlösungen sind bei gemeinsamem Essen und Trinken am besten zu erreichen.

Solche Gemeinschaftsräume kosten zwar Geld, haben aber auch rein wohnungsbautechnisch Vorteile: Sie sparen Wohnraum. In den Wohnungen müssen keine Gästezimmer vorgehalten werden, diese Aufgabe lösen Gemeinschaftsappartements. Die individuellen Ess-Ecken und Küchen können kleiner ausfallen, denn Feste und Partys finden im großen Gemeinschaftsraum statt.
Vor allem aber machen solche Begegnungsorte eine Gemeinschaft erst möglich. Wenn in der Gruppe genug Engagement und Organisationskraft für die Nutzung zu finden sind, können Gemeinschaftsräume die Orte sein, die Gemeinschaften lebendig machen. Eine Studie über Co-Living in den USA etwa fand heraus, dass Gemeinschaften, in denen viel gemeinsam gekocht und gegessen wird, am dauerhaftesten sind und am wenigsten Konflikte haben. Ausgleich und Konfliktlösungen sind bei gemeinsamem Essen und Trinken am besten zu erreichen.
Gemeinschaftsräume sind aber nicht nur geeignet für gemeinsame kulinarische Events, wie Frühstück oder Brunch, Pancake-Essen (für die Kinder), Feste und

Feiertage (Silvester, Nikolaus, Ostern etc.), sondern auch für gemeinsames TV-Erlebnis (Fußball, Streaming etc.), für Yoga-Stunden, Kinder-Betreuung (samt Vorlesen) und spontanes Beieinandersein.

Gemeinschaftsräume – und Gemeinschaftsappartements – können auch professionell genutzt werden. Für Meetings, Online-Konferenzen oder als Co-Working-Spaces. Sie können vermietet werden, etwa an die Nachbarschaft. Das bringt hilfreiche Kontakte und sogar etwas Geld in die (Gemeinschafts-) Kasse.

Die 12 Vorteile gemeinschaftlichen Wohnens

In dem Buch „Co-Housing inclusive" des Institute for Creative Sustainability, das viele interessante Gemeinschafts-Projekte in Europa porträtiert, werden folgende zwölf Merkmale für erfolgreiches Miteinander-Wohnen definiert. Sie zeigen sehr gut die Herausforderungen, aber auch die Bereicherungen, die in funktionierenden Gemeinschafts-Wohnprojekten zu erzielen sind.

Teilen statt besitzen

Wie oben beschrieben, hat das Teilen von Gemeinschaftseigentum große Vorteile. Die Anlaufkosten und der Organisationsaufwand werden durch das Erlebnis gelebter Gemeinschaft und ungezwungenen Zusammenseins und der vielfältigen Nutzungsmöglichkeiten mehr als wettgemacht. Und je mehr man in die Ausstattung der Gemeinschaftsräume und die Organisation von gemeinschaftlichen Aktivitäten investiert, umso besser.

Vielfalt

Wohnen in einer Gemeinschaft, inklusive des Bauens in einer Gemeinschaft, schafft die Möglichkeit, die unterschiedlichsten Wohnformen und Wohngrößen (inkl. Cluster-Wohnungen) zu bauen und für die verschiedensten Lebensentwürfe passend zu machen, gerade auch für Senioren, Behinderte etc..

Prozesshaftigkeit
Leben generell, aber vor allem Leben in einer Gemeinschaft, ist immer ein Prozess. Nie ist etwas fix, stets ist alles im Fluss. Das kann als anstrengend empfunden werden oder auch als Bereicherung. Meist beides. Nichts ist fix, alles kann man ändern und an veränderte Bedürfnisse anpassen. Die Pandemie war da ein spezielles Beispiel.

Kreativität
Man mag gar nicht glauben, wie viel Wissen in einer Gemeinschaft vorhanden ist, vor allem aber wie viele Ideen in einer Gemeinschaft entstehen können. Es gibt kein Problem, bei dem nicht einer einem zur Seite steht, hilft oder Lösungen parat hat. Und man ist immer wieder überrascht, wie viel Neues und Bereicherndes das Leben in der Gemeinschaft für einen persönlich bereithält.

Gemeinwohlorientierung
In einer Gemeinschaft kann man sich gegenseitig viel Gutes tun, aber auch der Gesellschaft oder Einzelpersonen, ob Kindern oder Senioren, ob Kranken oder Einsamen. Eine Gemeinschaft lehrt zu helfen und zu unterstützen – und wird dabei stets auch von anderen unterstützt.

Komplexität
Eine Gemeinschaft ist immer ein sehr heterogenes Gebilde. Es gibt eine Unsumme von verschiedenen Interessen, Meinungen und Haltungen. Und eine Gemeinschaft ist stets im Wandel. Das führt zu einer großen Komplexität. Aber durch das Vertrauen zueinander werden komplexe Sachverhalte lösbar. In der Gemeinschaft. Und man lernt Komplexität im großen Maßstab der Gesellschaft und der Welt besser auszuhalten.

Zugänglichkeit
Durch gemeinschaftliche Begegnungsmöglichkeiten fällt die Zugänglichkeit zu-

einander viel leichter. Partizipative Prozesse und empathische Teilhabe sind in der Gemeinschaft Alltag.

Soziale Mischung

Gemeinschaftlich Wohnen schafft immer einen sozialen Mix. Die Begegnung mit verschiedenen Menschen aus verschiedenen kulturellen Kontexten verhindert ein Abtauchen in seine eigene soziale Blase. Je mehr Begegnungsmöglichkeiten – auch nach außen, z. B. durch Veranstaltungen, Kultur etc. geschaffen werden, umso besser.

Ökologie

Bei Gemeinschafts-Wohnprojekten, egal ob genossenschaftlich oder privat, sind nicht nur die Gestehungskosten von Bedeutung, sondern auch die dauerhaften Betriebskosten, die Nebenkosten wie Heizung, Strom und Wasser. Um diese niedrig zu halten, und auch um staatliche oder kommunale Förderung zu erhalten, sind sie fast immer sehr ökologisch gebaut: gut gedämmt, mit Wärmepumpen und möglichst mit eigenem Strom von der PV-Anlage auf dem Dach.

Kooperationen

Genossenschaftliche Projekte, aber auch Mietersyndikate etc., werden fast immer in Kooperation mit anderen Initiativen und den diversen Stakeholdern (Staat, Kommune, karitative Organisationen etc.) konzipiert. Meist bleiben diese Kontakte und Kooperationen auch nach Fertigstellung bestehen.

Langfristige Planung

Gemeinschaftsbauten haben meist eine vergleichsweise lange Planungsphase. Die Mitsprache der Mitglieder frisst Zeit, aber auch die Finanzierung samt nötiger Bescheide und Förderungen. Das hat den Vorteil, dass sehr sorgfältig und nachhaltig geplant werden kann und unliebsame Überraschungen zwar nicht ausgeschlossen, aber minimiert werden können.

Lernen

Gemeinsames Bauen ist ein einziger großer Lernprozess von Strukturen, Technologien, Ideen und Konzepten. Später lehrt das gemeinsame Leben noch mehr. Das Kennen- und Verstehen-Lernen verschiedenster Lebensstile, Denkmuster und Verhaltensweisen, die Auseinandersetzung mit Kindern und Senioren und deren Interessen, die Inklusion und Integration vielleicht auch schwieriger Charaktere ist ein hilfreicher Lernprozess.

Eine neue Wohnbau-Politik ist nötig

So dringend heute bezahlbarer Wohnraum geschaffen werden muss, um so der Wohnungsnot und den explodierenden Mietpreisen entgegenzusteuern, dürfen nicht wieder – aus Finanzierungsnot – Billigbau-Ghettos entstehen, in denen die sowieso existierenden gesellschaftlichen Spannungen nur umso mehr eskalieren.

Nur in Gemeinschaften werden wir es schaffen, die unterschiedlichsten Bedürfnisse in einer Welt der Vielfalt problemlos berücksichtigen zu können.

Es muss klimafreundlich und ökologisch gebaut werden. Das kostet bei der Entstehung eines Baus zunächst etwas mehr, aber dafür sind die Wohnkosten danach auf Dauer deutlich niedriger. Außerdem werden wir nur so es schaffen, die nötigen Klimaziele zu erreichen.

Wir brauchen deutlich eine neue Wohnbau-Politik, die Abschied vom Gewinnstreben nimmt und stattdessen Gemeinsinn fördert. Nur so werden wir die zunehmend mehr werdenden Krisen und Konflikte gesellschaftlich abfedern können.

Wir brauchen „wohnlichere" Häuser, in denen Menschen Wege aus der Einsamkeit finden; wo Menschen, die Unterstützung brauchen, diese auch abseits der offiziellen Hilfsprogramme bekommen können.

Wir brauchen belastbare Grundlagen für gemeinschaftliches Wohnen. Nur in Gemeinschaften werden wir es schaffen, die unterschiedlichsten Bedürfnisse in einer Welt der Vielfalt problemlos berücksichtigen zu können.
Wir brauchen verbindliche Vorgaben an Bauwillige, ob Privatpersonen, Genossenschaften oder Investoren, damit zusätzlich zu bezahlbarem, ökologischem Wohnraum stets Optionen des Zusammenkommens in die Planung von Gebäuden Eingang finden.
Ein großer Wohnkomplex ohne Gemeinschaftseinrichtungen sollte in Zukunft gar nicht mehr genehmigt werden dürfen. Der obligatorische Spielplatz oder die Kita im neuen Viertel reichen heute nicht mehr. Nicht nur Kinder, sondern jede Bewohnerin und jeder Bewohner jeden Alters braucht einen Platz der Begegnung mit anderen.
Wir müssen wieder Gemeinschaft lernen. Allzu schwer sollte das allen Menschen, die eine lebenswerte Zukunft anstreben, nicht fallen. Schließlich ist das Bedürfnis danach und das Wissen, wie es geht, seit ewigen Zeiten in uns – vielleicht sogar genetisch – verankert.

Oder ganz einfach formuliert: Gemeinschaft ist Leben.

„Wir brauchen neue Leitbilder für das Wohnen“

Prof. Dr. Christine Hannemann und ihr Plädoyer für ein grundsätzliches Umdenken beim Thema „Wohnen“

Kaum zu glauben: Obwohl das Thema „Wohnen“ uns alle angeht und wir in Gesellschaft und Politik gerade heftig über die Wohnungskrise bei uns streiten, gibt es nur einen Lehrstuhl für Architektur- und Wohnsoziologie in Deutschland. Den hat Christine Hannemann inne, eine Expertin, die ihre wissenschaftlichen Forschungen mit ganz praktischen Themen verbindet. Und die sich einmischt, dabei zugleich freundlich und streitbar ist. Als einzige universitäre Stimme sind ihr Fachwissen und ihre engagierte Meinung sehr gefragt. So gefragt, dass sie meine Anfrage auf ein Interview aus Zeitgründen mit Bedauern ablehnen musste.

Universität Stuttgart: einziger Lehrstuhl für Architektur- und Wohnsoziologie in Deutschland!

Geboren in Berlin, begann ihre wissenschaftliche Karriere mit einem Studium der Soziologie an der Humboldt-Universität zu Berlin. 1994 promovierte sie an der TU Berlin, 2003 erfolgte die Habilitation an der Humboldt Universität. Danach hatte sie mehrere Forschungs-Aufenthalte im Ausland. Sie ist beratendes Mitglied in zahlreichen Gremien zum Thema „Wohnen“. Seit 2011 leitet sie an der Fakultät Architektur und Stadtplanung der Universität Stuttgart das Fachgebiet Architektur- und Wohnsoziologie. Sie forscht dort unter anderem dazu, wie zukunftsweisende und klimagerechte Wohnmodelle aussehen könnten.

Christine Hannemann gibt klare Antworten, wenn sie gefragt wird, wie wir in Zukunft in Deutschland wohnen wollen - oder besser gesagt: sollten. Denn sie hat die ganze Bandbreite von Themen rund um das Wohnen im Blick: die soziale und die kulturelle Frage, den Ressourcenverbrauch und die Klimakrise, den Flächenfraß und die Folgen für die Ökologie. Besonders wichtig ist ihr die Frage des Wohnens im Alter. Weil untrennbar damit verbunden, beschäftigt sie sich auch mit der Wohnungspolitik, mit der sie sich sehr kritisch auseinandersetzt. Bei der Kritik bleibt es aber nicht, sie schlägt auch Lösungen vor, die sie vor allem im Kontext gemeinschaftlichen und Mehrgenerationen-Wohnens sieht.

Wohnen ist Daseinsvorsorge

„Wohnen ist die neue soziale Frage", so lautet ein Zitat von Christine Hannemann aus einem Interview mit dem SWR2 Hörfunk von 2023, mit dem sie die soziale Dimension des Bauens und Wohnens und ihre hohe Brisanz in den Blick nimmt. Dem Magazin Spiegel sagte sie schon 2021 dazu in einem Interview: „Es war ein Fehler in den Neunzigerjahren, dass die Politik sich zurückgezogen hat und Grund und Boden für Spekulationen privatisiert wurden. Es herrscht hierzulande ein nahezu göttlicher Glaube daran, dass der Wohnungsmarkt sich schon von allein regulieren wird – obwohl alle Beteiligten wissen, dass es nicht stimmt. Wohnen ist Daseinsvorsorge und wird dennoch dem Spekulations- und Renditewahnsinn überlassen." An anderer Stelle meint sie: „Ich spreche ja immer von Städten als begehbare Investment-Immobilienfonds. Und wenn ich so eine Sicht habe, dann führt das zu den Problemen, die wir jetzt haben." Das Ergebnis sehen wir heute in Form von völlig überteuerten Immobilien, vor allem in den Städten, die sich Normalverdiener-Familien kaum noch leisten können.

Ihr geht es um eine gerechte Verteilung von Wohnraum. Alles andere sei demokratiegefährdend. Deshalb plädiert die Wissenschaftlerin leidenschaftlich dafür, dass sich die Bau- und Wohnungspolitik dringend wieder am Gemeinwohl orientieren müsse. Und weil Boden eine kostbare und begrenzte Ressource ist, würde sie grundsätzlich keine Grundstücke mehr verkaufen, sondern nur noch in Erbpacht vergeben. „Und wer etwas neu bauen will, muss dies klimagerecht, generationengerecht und autofrei tun." Alles andere sollte nicht mehr gefördert werden, so ihre klare Ansage in einem Interview mit der Süddeutschen Zeitung von 2022.

> ***„Wer etwas neu bauen will,***
> ***muss dies klimagerecht,***
> ***generationengerecht und autofrei tun."***

So könnte die Politik umsteuern. Allerdings sieht sie dafür derzeit keine Chancen, denn die Wohnungspolitik sei nach wie vor auf herkömmliche Vorstellungen von Wohnen und damit auf den Bau von klassischen Einfamilienhäusern ausgerichtet. Ihre Programme zur Förderung und Finanzierung seien ganz auf den Bau von Familienwohnungen fixiert – und wenig an sozialen und ökologischen Wohnkonzepten interessiert. Meinem Eindruck nach ändert sich das seit einigen Jahren auf der kommunalen Ebene, vor allem in Großstädten wie Berlin und München, aber auch kleineren wie Freiburg und Tübingen: Dort werden immer mehr gemeinschaftliche und ökologisch-ausgerichtete Wohnformen gefördert durch gezielte Vergabe der Bauplätze an Wohnprojekt-Initiativen, verbunden mit der Auflage, einen bestimmten Anteil von Wohnraum für Menschen bereitzuhalten, die sich das sonst nicht leisten könnten.

Große Wohnflächen müssen nicht sein

„Viel Platz macht nicht glücklich". Auch das ein Zitat von Christine Hannemann aus dem besagten Spiegel-Interview. Dort plädiert sie dafür, neue Leitbilder für das Wohnen zu entwickeln. Warum das? Weil in den Köpfen der allermeisten Menschen nach wie vor das Eigenheim das Ziel aller Träume ist. Und „Schöner Wohnen" kulturell in Deutschland mit großen Wohnflächen gleichgesetzt wird. In der Werbung und in Wohnzeitschriften wird das permanent vermittelt, wenn zum Beispiel mehr oder weniger hübsche Sofas in riesigen Räumen platziert werden. Dabei, so Christine Hannemann, nutzen wir im Alltag nur ungefähr ein Drittel zum Wohnen. Der Rest ist entweder Lagerfläche für Unnützes oder soll den Wohlstand und den Lifestyle repräsentieren, zum Beispiel in Form riesiger und teurer Tische (die dann nur wenige Male im Jahr wirklich gebraucht werden).

Rein rechnerisch bewohnt jeder Mensch in Deutschland aktuell knapp 50 Quadratmeter - durchschnittlich! Bedenkt man, dass in diese Zahl die vielen kleinen oder überbelegten Wohnungen in den ärmeren Vierteln der Städte eingerechnet sind, so kann man sich ausrechnen, welch üppige Flächen die Wohnungen vieler Menschen der Mittel- und Oberschichten haben. 80 bis 100 Quadratmeter pro Person sind da keine Seltenheit.

> ***„Der Flächenfraß und die Klimakrise sind mittlerweile so fortgeschritten, dass wir jeden Quadratmeter unbebaute Fläche in unserem Land schützen sollten."***

Das sei definitiv zu viel, befindet daher auch Christine Hannemann. Sie kann und will niemandem etwas vorgeben. Es müsse sich jedoch jeder klarmachen, dass diese ressourcenintensive Lebensform zu Lasten des Klimas gehe, denn es gehe ja nicht nur um die Wohnfläche an sich, sondern generell um den Flächenverbrauch, der mit dem Wohnen verbunden ist. Wie zersiedelt mittlerweile viele Landschaften in Deutschland sind, bebaut mit gleich- und einförmigen Einfamilienhäuschen, das sieht man. Dem Magazin Spiegel sagte sie dazu. „Der Flächenfraß und die Klimakrise sind mittlerweile so fortgeschritten, dass wir jeden Quadratmeter unbebaute Fläche in unserem Land schützen sollten."

Frühzeitig ans Wohnen im Alter denken

„Macht euch Gedanken über das Wohnen im Alter! Wer im Alter gut wohnen möchte, muss sich selbst darum kümmern, und zwar frühzeitig", meint Christine

Hannemann. Nämlich dann, wenn noch keinerlei gesundheitliche Beschwerden und Einschränkungen bei der Mobilität vorhanden seien. Doch viele würden das Thema verdrängen und in ihrer gewohnten Umgebung bleiben, wo sie sich auskennen. Und müssen dann – oder ihre Angehörigen - im hohen Alter händeringend, aber oft vergebens nach einem Platz im Pflegeheim suchen. Wer im Alter - womöglich allein - in einem Einfamilienhaus lebt, weiß es eigentlich: Wohnen macht richtig viel Arbeit. Je größer Haus und Garten, umso mehr. Dann nämlich droht das, wofür der Volksmund schon einen Begriff hat: „Altersverwahrlosung" von Haus und Garten.

Was tun? Was mache ich, wenn meine Wohnung nicht altersgerecht ist, ich aber meine gewohnte Umgebung nicht verlassen will? „Man müsste den Leuten die Möglichkeit schaffen, innerhalb des Wohnviertels umzuziehen oder ihre Wohnung zu tauschen. Dazu müsste man den Baubestand alterstauglicher machen", so Christine Hannemann. Zum Beispiel durch Einbau von Fahrstühlen, die ja nicht in jedem Haus einer Siedlung vorhanden sein müssten, sondern es würde genügen, dies in einem zu machen.

***„Der Staat sollte Modelle anbieten,
die einen kostenneutralen Wohnungstausch ermöglichen."***

Und wie kann man die Menschen dazu motivieren, sich wohnungsmäßig zu verändern? Dazu seien politische Anreize nötig, meint die Wohnsoziologin: „Ich finde, dass Menschen, die bereit sind, in eine kleinere Wohnung zu ziehen, dies auch honoriert bekommen sollten. Der Staat sollte Modelle anbieten, die einen kostenneutralen Wohnungstausch ermöglichen. Zum Beispiel über eine Tauschpauschale oder einen Tauschrabatt, in Anlehnung an die Pendlerpauschale oder das Baukindergeld."

Wenn Ältere dann tatsächlich ihre zu groß gewordene Wohnung gegen eine kleinere, altersgerechte tauschen würden, würde das neue Möglichkeiten schaffen für Familien, die dringend mehr Wohnraum bräuchten. Auch die Gemeinden, die ihren Wohnungsbestand ziemlich gut kennen und händeringend nach Lösungen für Familien suchen, sollten daran ein Interesse haben und dies als Alternative zur Ausweisung ständig neuer Baugebiete begreifen. Das Gute daran: Alle auf diese Weise sinnvoll umgenutzten Wohnräume würden zu weniger Neubauten führen und so dazu beitragen, der Zersiedlung und Versiegelung der Landschaft entgegenzuwirken.

Grundrisse für Gemeinschaft und Privatheit

Noch ist das gemeinschaftliche Wohnen in Deutschland nicht weit verbreitet. Zwar gibt es hierzulande etwa 5.000 Wohnprojekte dieser Art und ihre Zahl steigt ständig an, aber in der Breite ist es schwer durchzusetzen, „weil es nach Sozialismus, Kommune 1 oder einer Studenten-WG klingt. Dabei ist das A und O dieser Projekte der private Rückzugsraum – ein Ort, der uns Schutz, Geborgenheit und Intimität garantiert", so Christine Hannemann.

Und weiter: „Das Wichtigste beim gemeinschaftlichen Wohnen sind die Grundrisse, die mir meine Privatheit und meine Intimität garantieren. Gemeinschaftsräume schließen direkt an die Wohneinheiten an und dienen zugleich der inneren Erschließung. Dieses Konzept ist sehr flexibel, da Räume und Erschließungsflächen mehrere Funktionen übernehmen. So können zum Beispiel Flure und Treppenhäuser zu Begegnungszonen werden. Das Konzept ermöglicht Familienwohnen ebenso wie eine Wohngemeinschaft oder Mehrgenerationenwohnen."

> ***„Wir bräuchten architektonisch anspruchsvolle, weil bedarfsgerechte Grundrisse, die eine Vielfalt von Lebens- und Wohnformen ermöglichen."***

Damit können diese Wohnkonzepte flexibel sein, auf gesellschaftliche Veränderungen reagieren, auf sich stark verändernde, unterschiedliche Lebensformen und -abschnitte. Also Wohnungszuschnitte nicht nur für die klassische Kleinfamilie, sondern ebenso für Alleinstehende, Paare oder WGs, für Junge und Ältere. Statt einförmiger Standard-Grundrisse mit Maßen wie sie seit den Fünfziger- und Sechzigerjahren des vorigen Jahrhunderts bei uns üblich sind, bräuchten wir architektonisch anspruchsvolle, weil bedarfsgerechte Grundrisse, die eine Vielfalt von Lebens- und Wohnformen ermöglichen.

Solche Wohnkonzepte helfen auch gegen die Vereinsamung im Alter. „Einsamkeit ist ein Thema, das die ganze Gesellschaft betrifft, nicht nur ältere Menschen. Aber ja, es gibt Wohnkonzepte, die auf Gemeinschaft ausgerichtet sind. Damit meine ich individualisierte Gemeinschaft mit privaten Rückzugsräumen. Sehr schön finde ich die Idee eines Zeitkontos. Ich leiste nachbarschaftliche Unterstützung, erledige Einkäufe, wasche Gardinen, pflege Grünanlagen – und das bekomme ich auf mein Zeitkonto gutgeschrieben. Wenn ich dann Unterstützung brauche, bekomme ich das zurück."

Durch Nachbarschaft Kontakte herstellen

Und was ist ihr persönlicher Traum von Wohnen, wurde sie unlängst in einem SWR2-Interview gefragt? „Mein persönlicher Traum - da bin ich gerade dabei, ihn zu realisieren: Ich präferiere ein Wohnen in der Genossenschaft in einem ökologischen und sozialen Projekt, ein Wohnprojekt, indem durch Nachbarschaft Kontakte hergestellt werden und von vorneherein das Wohnen darauf ausgelegt ist. Ich präferiere ein Wohnen, was so wenig Quadratmeter Fläche hat wie notwendig ist, weil Wohnen vor allen Dingen auch viel Arbeit macht, wenn ich an die Handwerker*innen denke oder an die Putzarbeiten usw. Da bin ich dabei, mich sehr damit zu beschäftigen, auch in der Küche: Wie kann ich mit wenig Gerätschaften auskommen? Zum Beispiel: Es ist ja immer wieder erstaunlich, wieviel sich da so ansammelt, was eigentlich gar nicht gebraucht wird."

Mir gefällt das, wie lebensnah und praktisch eine Soziologie-Professorin ihre eigene Wohnzukunft plant. Logisch, dass sich Christine Hannemann dafür entschieden hat, in ihrer Lebensplanung den eigenen Argumenten zu folgen und in ein genossenschaftliches Wohnprojekt einziehen will. War es ihr doch schon immer wichtig, Theorie und Praxis zusammenzubringen. Es bleibt zu hoffen, dass ihre engagierte Stimme in Gesellschaft und Politik noch mehr Gehör findet.

WE

Quellenangaben:

Interview in Der Spiegel Nr. 11/13.03.2021

Interview in der Süddeutschen Zeitung vom 24./25.09.2022

SWR2-Interview mit Karin Gramling in der Reihe „Zeitgenossen" vom 02.05.2023

IV Wissenswertes im Überblick

A bis Z für Baugemeinschaften – Von Anfang bis Zusammensein

A – Ausdauer

Ja, es kann lange dauern, bis man die passende Baugemeinschaft, das passende Grundstück etc. findet. **A**ller **A**nfang ist schwer. Und ja, es kann lange dauern, bis die Baugemeinschaft zusammenwächst, bis sie miteinander und nicht gegeneinander redet, einen echten **A**ustausch pflegt und sich aneinander gewöhnt hat. **A**lso: nicht **a**ufgeben! Und keine **A**ngst vor **A**useinandersetzungen. Vieles kann man im Gespräch **a**usbügeln und **a**usräumen. Nicht selten gibt es einen erhellenden **A**ha-Effekt! **Ausdauer** lohnt sich!

B - Beharrungsvermögen

Ja, bei **B**ehörden muss man oft sehr **b**eharrlich sein. Sonst wird das alles nichts. **B**aubehörden neigen dazu, **b**ürokratische Hürden zu errichten, sich hinter **B**ergen von Arbeit in ihren **B**üros zu verschanzen und werden so oft zu **B**remsern des eigenen Elans. Auch bei **B**auleitern darf man nicht **b**escheiden sein, sondern eher **b**estimmt nachfragen und am **B**all bleiben. **Beharrungsvermögen** hat aber nichts mit **b**orniertem Starrsinn zu tun!

C – Chaos

Ja, es wird hin und wieder **c**haotisch im Lauf eines Planungs- und Bauvorgangs. Da entpuppen sich manche Prozesse, die anfangs einfach schienen, bald komplexer als gedacht. Und dann reden auf einmal alle durcheinander, jeder hat natürlich eine absolut qualifizierte Meinung. Vitamin **C** in Form von Kontakten zu **c**harismatischen und die Gemüter beruhigenden Menschen ist sehr nützlich. Das muss nicht gleich ein **C**oach oder Mediator sein, aber manchmal hilft er – vielleicht mit **C**harme -, das **Chaos** zu bändigen.

D – Dankbarkeit

Am Ende meiner Yoga-Sitzungen soll ich mich laut meiner Yoga-Lehrerin immer bei meinem Körper bedanken, dass er mich sein ganzes Leben durch die Welt trägt. Stimmt eigentlich, daran **d**enkt man viel zu selten. Sagen Sie also öfter einmal **danke**, dass Sie so ein tolles Projekt (hoffentlich!) gefunden haben, tolle Menschen kennen- und schätzen gelernt haben. **Danke**, dass sie also in Zukunft nicht allein sein werden, dass sie (wahrscheinlich) viel sorgenfreier wohnen können als viele andere Menschen. **Danke,** dass Sie ein **D**ach über dem Kopf haben – und hoffentlich eines mit Photovoltaik!

E – Essen

Gemeinsames **Essen** verbindet. Eine Binsenweisheit, die sich in einem Gemeinschaftswohnprojekt immer wieder bewährt. Es gibt Konflikte? Besprechen Sie alles bei einem Kaffee oder einem Glas Wein und ein paar Häppchen, die jeder mitbringt. Kochen Sie gemeinsam. Sie werden sehen: Das **Essen** schmeckt noch einmal so gut. Es schafft **E**inverständnis, gibt **E**inblicke in fremde Kochtöpfe bzw. Länderküchen, sorgt für **E**ntspannung und **E**nergie für weitere Aktivitäten. Schon in der Planungsphase bietet ein Büfett, das von allen bestückt wird, einen willkommenen Gesprächsanlass und schweißt zusammen. Nach dem **E**inzug sollte einmal im Monat auf jeden Fall ein Gemeinschafts-Frühstück oder -Abendessen auf dem Programm stehen, mindestens.

F – Freude

Verlieren Sie nie die **Freude** an Ihrem Gemeinschaftswohnprojekt. Sollte das doch der **F**all sein, **f**ragen Sie sich, woher der **F**rust kommt. Ist es, weil Sie sich verkleinern müssen? Nutzen Sie das als Chance, seien Sie **f**roh über die Reduktion, die auch für Klarheit sorgt. **F**reuen Sie sich auf die gemeinsamen Aktivitäten, die ja alle **f**reiwillig sind. Gönnen Sie sich immer wieder Zeit für sich. Die **Freude** auf und über Begegnungen mit anderen ist dann umso größer!

G – Glück

Mit dem **Glück** ist es ja eine sehr individuelle Sache. Manche empfinden den Blick aufs Meer als einen **g**lücklichen Augenblick, manche den Blick vom Berggipfel nach einem anstrengenden Aufstieg. Egal zu welchem Typ Sie **g**ehören: Es ist auf jeden Fall ein **Glück**, wenn Sie eine Bau- und damit Wohngemeinschaft gefunden haben, die sich **g**egenseitig unterstützt, **g**enerell respektiert und im besten Sinne füreinander sorgt. Sie haben damit etwas **g**efunden, nach dem sich viele Menschen sehnen. Seien Sie **glücklich** darüber, dass Ihnen das **g**elungen ist!

H – Harmonie

Sie sind **harmonie**bedürftig? Ja, wer nicht! Aber in einer Baugemeinschaft gibt es **Harmonie** nicht geschenkt. Die muss erarbeitet werden, immer wieder neu **h**ergestellt und gefüttert mit gemeinsamen Erlebnissen und **H**umor. Das Zusammenleben von Menschen unterschiedlicher **H**erkunft und unterschiedlichen Alters kann nicht per se **h**armonisch sein. Aber man kann gemeinsam dafür sorgen, dass **h**armonische Momente entstehen, die ein Wohlgefühl erzeugen. **H**adern Sie nicht damit, wenn Ihnen Steine in den Weg gelegt werden. **H**äufig wird aus einer Disharmonie wieder ein **harmonisches** Miteinander!

I – Idealisten

Vorsicht vor **I**deologen! **I**deale sind schön, **I**deologie ist einengend, zwanghaft und starrsinnig. Das kann niemand in einer Wohngemeinschaft brauchen. Was man dagegen braucht, sind **Idealisten**, d. h. Menschen, die an das Gute im Anderen glauben und sich für ihre **I**deale einsetzen, sich auch damit abfinden können, wenn nicht alles so **i**deal wird wie erhofft. Und vor allem brauchen Sie Mitmenschen, die kreative **I**deen einbringen. Solche Mitbewohnerinnen und Mitbewohner sind Gold wert! Würgen Sie neue **I**deen und **I**nitiativen auf keinen Fall ab!

J – Jubel

Juchhu! Sie haben es geschafft! Sie haben sich dieses Buch gekauft, weil sie interessiert daran sind, dem Vereinzelungsleben ade zu sagen. Vielleicht sind Sie auch schon konkret an einem Projekt dran, stellen fest, dass Ihnen nicht **j**ede und **j**eder mögliche künftige Nachbar gefällt, aber grundsätzlich haben Sie sich auf den Weg gemacht. Gedanklich und vielleicht auch schon physisch. **J**ammern gilt nicht. Manche Menschen stellen sich erst auf den zweiten Blick als **J**uwele heraus. Sagen Sie weiterhin **Ja** zu Ihrer Entscheidung. Sie werden in Zukunft bestimmt öfter Grund zum **Jubeln** als zum **J**ammern haben!

K – Konflikte

Ja, die gibt es reichlich. **K**onfliktfähig sollte man ebenso sein wie **k**ritikfähig. Noch wichtiger ist **K**ommunikationsfähigkeit und **K**ompromissbereitschaft. Es muss vieles ausdiskutiert, durchgesprochen und wiedergekäut werden, bis es zu einem **K**onsens oder **K**ompromiss kommt. So funktioniert Europa, so funktionieren auch die meisten Bau-, Wohn- und Lebensgemeinschaften. Das ist oft anstrengend, oft aber auch befruchtend und erhellend. Menschen ticken nicht alle gleich. Aber wenn sie ein gemeinsames Ziel haben, **k**önnen sie viel erreichen. Auf dem Weg dorthin gilt es, **k**reative Lösungen zu finden. Das **k**reative Überwinden von **Konflikt**-Hürden gehört dazu!

L – Lebensfreude

Gut, dass das unsägliche Wort **L**ifestyle langsam in der Mottenkiste verschwindet. Was sollte das sein? Ein schickes Wohnumfeld, ein hipper **L**ebensstil? Egal, wichtig ist **Lebensfreude**! Das **L**eben ist bunt – in einer Bau- und Wohngemeinschaft ist es noch bunter als Sie sich das jemals vorgestellt haben. Sehen Sie das als Bereicherung – siehe F wie Freude. Und noch ein wichtiges **L**-Wort: **L**iebe! Begegnen Sie Ihren Mitmenschen auf jeden Fall wohlwollend bis **l**iebevoll. Und immer das **L**achen nicht vergessen!

M – Miteinander

Zentrales Thema dieses Buchs, zentrales Thema für die Zukunft der Gesellschaft. Denn nur **miteinander** werden wir die Klima-Krieg-Ernährungs-Energie-Flüchtlingskrisen dieser Welt lösen können. **Miteinander** heißt vor allem, die Ressourcen von vielen zu nutzen und zusammenzufügen zu einem **M**ehrwert. Schwarmintelligenz ist das Zauberwort. Natürlich kann man in einer kleinen Wohngemeinschaft nicht die Welt-Probleme lösen. Aber hier kann man anfangen, friedlich **miteinander** auszukommen. Es gibt so viele **M**öglichkeiten, ein vermeintliches Problem zu lösen. Fragen Sie im Chat einfach Ihre **M**itbewohner! Sie werden erstaunt sein über die Resonanz. **Mut zum Miteinander**!

N – Nachbarschaft

Die ist heutzutage vor allem in den Städten mehrheitlich anonym. In Corona-Zeiten schien sich das etwas zu ändern, als eine Welle der **n**achbarschaftlichen Hilfsbereitschaft begann. Das hat sich aber leider verflüchtigt. Dorfgemeinschaften entsprechen auch nicht mehr dem Ideal von einst bzw. dem Bullerbü-Bild, das man sich so vorstellt. Jeder lebt für sich allein, gerade, dass man sich noch freundlich grüßt. In einer Wohngemeinschaft kennen sich alle **Nachbarinnen** und **Nachbarn**! Sie sind sich in der Bauphase bereits **n**ähergekommen. Sie helfen und mögen sich (meistens) und freuen sich in modernen Häusern, dass sie **n**achhaltig leben, Energie sparen, umweltfreundlich heizen – und sich **n**ützlich machen können. Für ein langes Leben ist es unerlässlich, sich gebraucht, gemocht und geschätzt zu fühlen! In der **Nachbarschaft** fängt das an!

O – Optimismus

Sie merken schon: Dieses Buch ist ein **o**ptimistisches, schließlich soll es Mut machen. Natürlich gibt es auch Nachbarinnen und Nachbarn, Mitbewohnerinnen und -bewohner, die man auf den Mond schießen könnte. **O**berschlaulis etwa, die alles besser wissen. Aber bleiben Sie **optimistisch**: Der oder die eine geht in einer funktionierenden Gemeinschaft unter. Verlieren Sie Ihren **Optimismus** auch nicht in einer schwierigen Planungs- oder Bauphase Ihres Projekts. Eine **o**rdentliche Vorbereitung auf Sitzungen oder Workshops hilft beim Ausbremsen von **O**berlehrern oder Bedenkenträgern. Eine positive Grundeinstellung reißt andere mit. Heben Sie das Gelungene hervor und beißen Sie sich nicht die Zähne an Kleinigkeiten aus, die sich später als völlig unbedeutend erweisen werden. Statt **O**h je, mehr **O**h ja!

P – Pragmatismus

Seien Sie **pragmatisch**, d. h. kaprizieren Sie sich nicht auf die eine Säule, die unbedingt im rechten Winkel zu Ihrer Granit-Küchenplatte stehen muss, damit Sie da Ihr Regal mit den Kochbüchern anbringen können. Vielleicht erweist sich eine andere Lösung als viel **p**raktischer? **P**rofis wie Architekten wundern sich nicht selten über die festgefahrenen Vorstellungen ihrer Auftraggeber. Und siehe da, wenn das Haus fertig ist, wirken auch die grauen Fensterrahmen **p**rima und der Wasseranschluss rechts auf der Terrasse ist genauso **p**raktikabel als wenn er links wäre. Lassen Sie etwas zu! Überraschungen können **p**rachtvoll sein!

Q – Quatschköpfe

Die gibt es in jeder Gruppe. Manche sind einsam, manche geltungsbedürftig und selbstverliebt, wenn sie ins Plappern kommen. Macht nichts. Ihr **Quatschkopf** in der Gruppe hat vielleicht andere gute Eigenschaften. Setzen Sie ihn zielführend ein, etwa wenn es darum geht, Beamte zu nerven oder nervige Prüfer niederzuringen mit Worten. **Q**uasselstrippen kann man auch liebevoll – siehe L – einbremsen. Als wir alle in **Q**uarantäne waren, hatten wir zu wenige Sozialkontakte, in einer Wohngemeinschaft sind es vielleicht manchmal etwas zu viele. Aber Sie dürfen sich ja zurückziehen. Vielleicht backen Sie dann einen **Q**uarkkuchen - zur Freude aller!

R – Respekt

Respektvoller Umgang miteinander wird überall gepredigt, wenn mal wieder Gegensätze in einer **R**unde aufeinanderprallen. Tatsächlich ist **Respekt** das

Fundament eines gelungenen Zusammenlebens. Es gilt, den anderen, der evtl. eine andere Meinung vertritt, nicht niederzumachen, ihn ausreden zu lassen, ihm Wertschätzung entgegenzubringen. Dazu geben sich einige Bau- und Wohngemeinschaften gern einen Leitfaden, der den Umgang miteinander **r**egeln soll. Aber eigentlich sollte man dafür keine **R**egeln benötigen, sondern nur eine gute Kinderstube und ein Mindestmaß an Empathie. Bedenken Sie: Alle Beteiligten verfolgen ihren persönlichen Lebenstraum. Der muss nun unter einen Hut gebracht werden mit den Träumen anderer. Nicht einfach, aber **r**ealisierbar!

R II – Ruhebedürfnis

Bauen Sie dreifach verglaste Fenster in Ihren Neubau und achten Sie auf die Schalltrittdämmung! Dann werden Sie schlafen wie ein Baby, Kindergeschrei von draußen und Gymnastikgetrappel von oben überhaupt nicht hören und ausgeglichen sein wie nie! Klar, steht in einer Wohngemeinschaft die Begegnung im Vordergrund, dafür sind Sie ja dort eingezogen. Aber der Mensch braucht **Ruhe**inseln für sich, **R**ückzugsräume zum Kreativsein und Energietanken. Das Schöne an Festen in der Gemeinschaft ist auch, dass man sich jederzeit verkrümeln kann. Der Weg ins **ruhige** Zuhause ist ja nicht weit!

S – Sozialkontakte

Der Mensch ist ein **soziales** Wesen. Die Corona-Pandemie hat das mehr als deutlich gezeigt. **S**ocial Media und Videokonferenzen sind kein Ersatz für echte Begegnungen. Vor allem Kinder und alte Menschen waren die Benachteiligten. Die gehören in Wohngemeinschaften zu den Gewinnern: Kinder wachsen in einer Gruppe mit vielen Familien auf, Ältere sind integriert, lesen vor, garteln oder basteln mit dem Nachwuchs. Ja, klingt wie Bullerbü, siehe oben, kann es aber durchaus sein. Man kümmert sich umeinander in guten wie in **s**chlechten Zeiten. Ist einer krank, helfen viele. Brauchen viele jemanden, der gut kochen kann, hilft auf jeden Fall eine bzw. einer. Das **S**chwätzchen vor der Tür oder beim Müllraustragen kann einen trüben Tag erhellen. Kinder lernen so ganz nebenbei **soziales** Verhalten in der Gruppe. Ein unschätzbarer Vorteil!

T – Toleranz

Kann man lernen. Sollte man lernen. Wie wäre es einmal mit der Botanisiertrommel-Haltung? Kennen Sie nicht? Anfang des 19. Jahrhunderts sind wissbegierige Menschen damit in die Botanik gestiefelt und haben seltene Pflanzen gesammelt. Was sie eint: Neugier! **T**atsächlich wird man **toleranter,** wenn man Neugier walten lässt. Frei nach dem Motto: „Ach, goldene Wasserhähne sollen es auch noch sein? Nun ja." Der Kommentar „Nun ja" ist immerhin **toleranter** als ein „Nein, das geht auf keinen Fall!". Aber keine Frage: **Toleranz** will **t**rainiert sein. Denken Sie beim nächsten unsinnigen Ansinnen oder Verhalten eines Mitbewohners einfach an den Botaniker, der seine Funde **t**otal verwundert examiniert – und sich freut, wieder ein seltenes Exemplar entdeckt zu haben....

U – Unbehagen

Kann sein, dass Sie nach Einzug in Ihre ersehnte Wohngemeinschaft **u**rplötzlich ein Gefühl des **Unbehagens**, der inneren **U**nruhe beschleicht. Das hat etwas mit Abschiedstrauer zu tun. Man verabschiedet sich aus einem alten **U**mfeld und muss wieder neu anfangen. Jedem Anfang wohnt ein Zauber inne, schrieb Hermann Hesse in seinem wunderschönen Gedicht „Stufen". Sehen Sie Ihr neues Domizil als eine weitere Stufe Ihres Lebens an. Wenn Sie jünger sind, muss es ja nicht die letzte sein wie bei älteren Herrschaften. Aber auch und gerade die letzte Stufe soll doch besonders schön und bequem sein, oder? Keine Panik, das **Unbehagen** verfliegt nach einer **u**nbequemen Eingewöhnungsphase. Wenn nicht: Mut zur Veränderung!

V – Veränderung

Ja, die Entscheidung für eine Bau- und Wohngemeinschaft bedeutet **Veränderung**. Auch für Menschen, die vorher schon in WG's oder Großfamilien gewohnt haben. Aber das ist ja gerade das Spannende. Stillstand führt zu Langeweile. Und Langeweile gibt es in einem Gemeinschaftshaus nicht. Da ist immer Bewegung. Das ist ja auch das **V**erlockende daran: Wie kann ich mich einbringen, mich **v**erwirklichen, andere begeistern, mich evtl. neu justieren im **V**erbund mit anderen. Manchmal entdeckt man ja ungeahnte Fähigkeiten. Singles, die nie etwas mit Kindern am Hut hatten, werden von deren Zutraulichkeit einfach überwältigt. Familien, die am Hamsterrad drehen, sind endlich entstresst, weil die lieben Kleinen ja nebenan bestens aufgehoben sind. Scheuen Sie sich nicht: **Mut zur Veränderung** wird meist belohnt!

W – Wohlfühlen

Das ist das **W**ichtigste! Sie müssen sich mit Ihrer Entscheidung für eine Bau- und **W**ohngemeinschaft rundherum **wohlfühlen**. Wenn Sie ein **w**inziger Zweifel beschleicht, sprechen Sie das gleich an. Dafür gibt es ja unzählige **W**orkshops in der Planungsphase. Vielleicht können die Zweifel ausgeräumt werden. Imaginieren Sie sich in Ihr neues **W**ohnumfeld hinein. Das fällt naturgemäß leichter, wenn schon vier **W**ände stehen. Gehen Sie dort spazieren. Die Umgebung sollte Ihnen ja auch gefallen. Sprechen Sie mit Menschen, die schon Erfahrungen in gemeinschaftlichen **W**ohnprojekten gemacht haben. In diesem Buch erfahren Sie ja auch schon viel **W**issenswertes. Wir **w**ünschen Ihnen jedenfalls ein **Wohlfühl**-Zuhause!

X – Xanthippe

Ja, die gute **Xanthippe**, Ehefrau von Sokrates, muss immer herhalten, wenn es im Alphabet ans X geht. Kein X vor ein U vormachen, wäre auch eine Alternative. Auf jeden Fall gibt es natürlich diesen Inbegriff des streitsüchtigen, zänkischen, übellaunigen Weibs (wahlweise Mannes). Hoffentlich bleibt Ihnen so eine Begegnung erspart. Eine **X**anthippe erzeugt in einer Wohngemeinschaft bestenfalls einen Katalysator-Effekt. Sie eint die Gemeinschaft, die auf diese unschöne Weise ein gemeinsames Feindbild gefunden hat. Nicht schön, aber leider unausrottbar. Auch das gehört in die Botanisiertrommel: Nie hätte man gedacht, dass so ein

Mensch in der Gesellschaft wachsen und gedeihen kann. Um im Bild zu bleiben: Ersticken Sie diese Pflanze im Keim. Es ist eine invasive Art, die heimische, friedliche Gewächse zu verdrängen sucht. Lassen Sie das nicht zu. Auch hier gilt: Gemeinsam sind wir stark!

Y – Yoga

Yoga-Gruppen gibt es in fast jeder Wohngemeinschaft. Es gilt, eine Lanze für diese oft belächelte Praxis zu brechen: **Yoga** lockert Faszien – und innere Verkrustungen. **Yoga** dehnt die Muskeln – und das Bewusstsein. Bevor es zu euphorisch wird: **Yoga** ist auch anstrengend und schweißtreibend. Das gilt ebenso für das Wohnen in einer Gemeinschaft. Lassen Sie sich nicht entmutigen, wenn eine Übung mal nicht gelingt. Wenn Ihr Anliegen auf etwas wackligen Beinen steht und nicht gleich von allen begrüßt wird. Bleiben Sie dran, halten Sie durch! Der Abschlussgruß jeder **Yoga**-Stunde, „Namaste", bedeutet übrigens: Ich verbeuge mich vor Dir. Damit drückt man Ehrerbietung aus und erkennt die Anwesenheit des Gegenübers dankbar an. Nicht schlecht fürs glückliche Zusammenleben!

Z – Zusammenleben

Zentrales Anliegen dieses Buchs ist das Ermutigen zu einem gelungenen Miteinander. Wir Menschen leben **zusammen** auf einem Planeten, in einem Erdteil, in einem Land, in einem Ort, in einem Haus. Das ist nicht immer einfach. Distanz und Nähe müssen sorgfältig austariert werden. Wir haben im deutschsprachigen Raum die privilegierte Situation, dass wir die Wahl haben, wo und wie wir **zusammenleben** wollen. Dessen sollten wir uns immer bewusst sein. Das **Zusammenleben** ist schon in einer **Z**weierbeziehung nicht einfach, wie schwierig muss es dann erst mit mehreren sein? Aber es kann gelingen! Es gibt viele Beispiele dafür. Packen Sie's an!

Biographien der Autoren

Heidi Rauch ist Diplom-Journalistin, PR-Beraterin und Buchautorin. Ihr erstes Buch „Falling in love" ist bei Rowohlt erschienen, alle weiteren in ihrer eigenen Edition Rauchzeichen.

Geboren 1957 in Berlin ist sie nach dem Abitur am Französischen Gymnasium in ihre Lieblingsstadt München umgezogen. Dort hat sie studiert (Deutsche Journalistenschule, Ludwig-Maximilians-Universität) und als Theaterkritikerin gearbeitet (Münchner Theaterzeitung), bevor sie 1988 in die Öffentlichkeitsarbeit wechselte. Sie ist Pionierin in der Kultur PR mit Künstler-Kunden aus den Bereichen Schauspiel, Tanz und Kabarett, später vor allem Festivals (Europamusicale, Opernfestival Gut Immling) und private Veranstaltungsorte (Schloss Amerang). Seit 1999 verantwortet sie das Jahresmagazin „Fairway" des Golfclubs München Eichenried, dessen Pressesprecherin sie ist.

Ihre Wohn-Vita:

- *0-6 Jahre: Mietwohnung in einem Zwei-Familienhaus in Berlin-Tegel*
- *6-20 Jahre: Drei-Zimmer-Eigentumswohnung ihrer Eltern in Berlin-Reinickendorf*
- *20 bis 27 Jahre: Ein-Zimmer-Appartement in München-Nordschwabing, erst Miete, dann Eigentum*
- *27 bis 34 Jahre: Zwei-Zimmer-Eigentumswohnung in München-Nordschwabing*
- *34 bis 42 Jahre: gemietete Doppel-Haushälfte im Landkreis Erding bei München mit ihrem ersten Mann und Hund*
- *42 bis 63 Jahre: gemietete Doppel-Haushälfte bei Erding mit ihrem zweiten Mann Michael Konitzer*
- *63 Jahre bis heute: Eigentumswohnung im ökologischen Mehrgenerationshaus „StadtNatur" in München-Riem mit Michael Konitzer*

Rund vier bis fünf Monate im Jahr verbringt sie inzwischen schreibend in den mittelitalienischen Marken, wo sie gemeinsam mit ihrem Mann und einer befreundeten Familie seit 2008 ein Haus mit Olivenhain besitzt (auch ein Bau- und Wohn-Gemeinschaftsprojekt!) Aus ihrer Liebe zu Italien und zum Genuss hat sich ein kleiner Olivenöl-Vertrieb entwickelt sowie der Import von handgefertigten Golf- und Freizeitschuhen.

www.heidi-rauch.de, www.kora-italien.com, www.wunsch-schuh.com

Dr. Wolfgang Eckart ist Historiker, Bildungsexperte und Buchautor. Geboren 1950 in Ravensburg, wuchs er in Nürnberg auf und machte nach einer kaufmännischen Lehre das Abitur auf dem Zweiten Bildungsweg. Danach studierte er Geschichte, Germanistik und Sozialwissenschaften an der Universität Erlangen-Nürnberg. Mit einer Studie über die Nachkriegszeit 1945-1949 wurde er in Zeitgeschichte promoviert. Er arbeitete einige Jahre als Lehrer an Gymnasien, leitete dann ein Institut für Lehrerfortbildung und baute schließlich den Bildungscampus Nürnberg auf – den Zusammenschluss von Bildungszentrum, Stadtbibliothek und Planetarium –, dessen Gründungsdirektor er wurde. Zudem hat er zahlreiche Beiträge zu historischen und pädagogischen Themen verfasst. Er hat zwei erwachsene Töchter – und gleich nach seiner Pensionierung reiste er zusammen mit seiner Frau 19 Monate um die Welt und berichtete darüber im Reiseblog www.aufmerksam-reisen.de. Nach seiner Rückkehr verkauften sie ihr schönes großes Haus, in dem sie – nachdem die Töchter erwachsen geworden und ausgezogen waren - alleine gewohnt hatten. Um neu zu beginnen, zogen sie um nach Berg bei Ravensburg in eine deutlich kleinere Etagenwohnung. Zudem begann er, sich mit Formen gemeinschaftlichen Wohnens zu beschäftigen. Aktuell arbeitet er als Dozent in der wissenschaftlichen Weiterbildung und schreibt Bücher.

Publikationen (Auswahl):

- *Amerikanische Reformpolitik und deutsche Tradition. Nürnberg 1945-1949. Schriftenreihe des Stadtarchivs Nürnberg, Bd. 43, 1988*
- *Neuanfang in Hessen. Die Gründung und Entwicklung von Flüchtlingsbetrieben. Historische Kommission für Nassau. Wiesbaden 1994*
- *Der Südpunkt kommt! Ein zukunftsweisendes Haus des Lernens und der Kultur in Nürnberg. In: dis.kurs Heft 2/2008*
- *Lebensnah lernen. 90 Jahre kommunale Weiterbildung in Nürnberg (Hrsg). Nürnberg 2012*
- *Der Bildungscampus Nürnberg. Ein Beitrag zur Gestaltung kommunaler Bildungslandschaft. In: Engagierte Beweglichkeit. Festschrift für Klaus Meisel. Wiesbaden 2013*
- *Bildung muss integrativer Teil von Stadtentwicklung werden. In: Treffpunkt Bildungscampus 2/2015*
- *Die Spitzenfamilie. Der Fabrikant, der Stoff und die Pianistin. Berg 2023*

www.wolfgang-eckart.de

Danksagung

Heidi Rauch: Danke an meine lieben Eltern, die mir von Kindesbeinen an ein Wohnnest geschaffen haben und sich später von mir überreden ließen, mein Studenten-Appartement zu kaufen. Früh Eigentum erwerben war und ist eine kluge Entscheidung, die sich im Alter buchstäblich auszahlt.

Danke an meinen geliebten Ehemann Michael Konitzer, mit dem ich am allerliebsten zusammenwohne und -lebe! Wir können das auch auf engerem Raum – allerdings immer in getrennten Schlafzimmern! Ich halte das für eines der „Geheimnisse" unserer fast 25-jährigen glücklichen Ehe.

Danke an alle Mitwirkenden an diesem Buch. Dieser Dank gilt den Menschen, die uns ihr Wohnumfeld geöffnet haben, ebenso wie allen anderen Interview-Partnerinnen und -Partnern. Vielen Dank an meine tolle Buchgestalterin Christine Paxmann, die für dieses Buch sogar einen Beitrag beigesteuert hat und eine wichtige Austausch-Partnerin für mich ist. Und danke an meinen Mitautor Wolfgang Eckart für den stets konstruktiven Austausch über das uns beiden am Herzen liegende Thema Gemeinschaft.

Wolfgang Eckart

Es ist mir, aber noch viel mehr Elke, meiner geliebten Frau, sehr schwergefallen, unser schönes Haus in Nürnberg zu verlassen und nach Oberschwaben zu ziehen. Elke ist eine selbstbewusste Oberfränkin – und tat sich mit dem Schwäbischen lange Zeit schwer! Wie wir das dennoch gemeinsam hinbekommen haben, dafür bin ich ihr sehr dankbar. Zudem haben wir uns platzmäßig deutlich verkleinert. Ein Motiv dafür war, weiterhin viel zu reisen - allerdings machte uns die Pandemie hier einen Strich durch die Rechnung. Das andere lag in der Erfahrung, dass „weniger mehr ist", eine ganz praktische Erkenntnis, die wir bei unserer Reise um die Welt gewonnen hatten. Viel Platz zum Wohnen macht viel Arbeit und braucht Zeit, die sinnvoller genutzt werden kann. Auch für den anhaltenden, intensiven Austausch über unsere jetzige Wohnsituation und mögliche Alternativen in Wohnprojekten danke ich ihr – auch wenn wir dabei noch nicht fündig geworden sind.

Dankbar bin ich allen Gesprächspartnerinnen und Gesprächspartnern für ihre Zeit und ihre große Bereitschaft, ihre Erfahrungen, Einsichten und Reflexionen über ihr gemeinschaftliches Wohnen mit mir zu teilen. Und das sehr offen, auch was „die Mühen der Ebenen" (B. Brecht) ausmachen, also den Alltag des Zusammenlebens in einer Gemeinschaft und den langen, oft auch schwierigen Weg dorthin. Dennoch war ihr Enthusiasmus stets spürbar, dass sie den Mut hatten, diesen Schritt zu wagen und jetzt erleben, wie es sich gelohnt hat. Gelohnt, weil es, so hörte ich es des Öfteren, „eine große Bereicherung für uns ist". Das ist ansteckend. Auch ich kann mir nun noch besser vorstellen, künftig in einem Wohnprojekt zu leben.

Literaturverzeichnis

Zum soziokulturellen Ausblick: CoHousing Inclusive, von id22, Institut für kreative Nachhaltigkeit, Michael LaFond & Laraisa Tsvetkova (Hg), Jovis Verlag 2017, dt.-engl. Ausgabe

Zu StadtErle, Basel: Age-Stiftung Zürich (Hg.), Haus StadtErle Basel, Begleitdokumentation, 2020

Zur StadtErle, Basel: Susanne Dürr und Gerd Kuhn, Wüstenrot Stiftung (Hrsg.): Wohnoptionen – gemeinschaftsorientiert, produktiv, adaptiv, S. 238-243, 2022

Zum OEKOGENO-Wohnquartier Zwischendörfer Ehrenkirchen: Lisa Frohn: Ab ins Wohnprojekt! Wohnträume werden Wirklichkeit, S. 85 – 97,2018

Zum Beginenhof, Berlin: Berliner Hindernislauf, Der Weg zum Beginenhof in Berlin-Kreuzberg, interne Dokumentation von Jutta Kämper

Zum Weiterlesen:

Christine Hannemann: Nicola Hilti, Christian Reutlinger (Hrsg.):
Wohnen, Zwölf Schlüsselthemen sozialräumlicher Wohnforschung, 2022

Lennhart Herberhold:
Zusammen! Wie Deutschland neues Wohnen ausprobiert, 2022

Eva Stützel:
Der Gemeinschaftskompass. Eine Orientierungshilfe für kollektives Leben und Arbeiten, 2021

Weitere Bücher der Edition Rauchzeichen

Die Gesundheits-Ratgeber – Zwei Longseller

Heidi Rauch | Peter Herrchen

Mut zur neuen Hüfte!

Ein Hüft-OP-Mutmach-Buch mit Erfahrungsberichten von sportlichen Hüft-„Titanen", zusammen mit Peter Herrchen,
2. Auflage 2018, Format: Din A 5, Softcover, Umfang: 320 Seiten mit über 100 Fotos, Preis: 24,90 Euro (D), E-Book: 16,99 Euro
Print-ISBN: 978-3-00-058530-2
E-Book-ISBN: 978-3-00-058531-9

Heidi Rauch | Peter Herrchen

Mut zum neuen Knie!

Ein Knie-OP-Mutmach-Buch mit Erfahrungsberichten von sportlichen „Knie-TEP-Trägern", zusammen mit Peter Herrchen,
1. Auflage 2014, Format: Din A 5, Softcover, Umfang: 307 Seiten mit 214 Fotos, Preis: 24,90 Euro (D), E-Book: 16,99 Euro
Print-ISBN: 978-3-00-043728-1
E-Book-ISBN: 978-3-00-042325-3

„Zwei sehr vielseitiger Ratgeber. Die Bücher sind für einen Laien sehr verständlich geschrieben. Man erhält gute Hinweise und Ratschläge für Fragen, die vor, während oder nach der Operation auftauchen".

Die Romane – Für Frauen und romantische Menschen

Heidi Rauch

Das Limoncello-Quartett – Vier Freundinnen auf Glückssuche in Italien

1.Auflage 2013, Umfang: 465 Seiten, Preis: 9,99 Euro
E-Book-ISBN 978-3-00-059145-7

„Ein spritziger, amüsanter, leichter Sommerroman. Ganz nebenbei bekommt man pure Lust auf Bella Italia und vor allem auf die touristisch noch relativ jungfräulichen italienischen Marken und die hervorragende mediterrane Küche."

Heidi Rauch | Michael Konitzer

Berlinese & Bavarese – Ein Briefroman, Teil 1 (1968–1977)

1. Auflage 2024, Format: 130 x 190 cm, Softcover, Umfang: 408 Seiten mit 50 Fotos, Preis: 24,90 Euro, E-Book: 16,99 Euro
Print-ISBN: 978-3-9825566-4-2
E-Book-ISBN: 978-3-9825566-5-9

Heidi Rauch | Michael Konitzer

Berlinese & Bavarese – Ein Briefroman, Teil 2, Twens (1978-1985)

1. Auflage Sommer 2024
Format: 130 x 190 cm, Softcover
Print-ISBN: 978-3-9825566-7-3
E-Book-ISBN: 978-3-9825566-8-0

Die Kinder-Bücher – (Vor-)Lesevergnügen ab 3 bzw. 7 Jahren

Heidi Rauch | Bengt Birck

Die Gustav – Lustige Abenteuergeschichten eines verrückten Huhns

Für Kinder ab 3 Jahren, Gereimte Texte: Heidi Rauch, Illustrationen: Bengt Birck, 1.Auflage 2023, Format: 16 x 23 cm, Hardcover, Umfang: 32 Seiten mit 12 Illustrationen, Preis: 14,00 Euro (D) ISBN: 978-3-9825566-0-4

„Viel Spaß mit dem abenteuerlustigen Huhn. Die Reime sind kindgerecht-einfach und kurz gehalten und machen Spaß beim Vorlesen. Die farbenfrohen Aquarell-Zeichnungen vermitteln ein warmes Kuschel-Gefühl."

Heidi Rauch | Julian Opitz

***ichtel und *olf reisen nach Italien – Ein *eihnachtsabenteuer im Land ohne W**

Texte mit Alphabet-Sprachspielereien: Heidi Rauch, Illustrationen: Julian Opitz. Für Kinder ab 7 Jahren, 1.Auflage 2023, Format: 22 x 22 cm, Hardcover, Umfang: 64 Seiten mit ca. 30 Illustrationen, Preis: 20 Euro (D). Auch als Hörbuch mit Sprecher Michael Harles ISBN: 978-3-9825566-1-1

„EIn wunderschönes Wichtel-Märchen auf Grundlage einer absolut witzigen Sprachspielerei zum Schmunzeln."

Heidi Rauch | Julian Opitz

***ichtel und *exe beschenken die Kinder in Italien – Das zweite *eihnachtsabenteuer im Land ohne W & H**

Texte mit Alphabet-Sprachspielereien: Heidi Rauch, Illustrationen: Julian Opitz. Für Kinder ab 7 Jahren 1.Auflage 2024, Format: 22 x 22 cm, Hardcover, Umfang: 44 Seiten mit ca. 20 Illustrationen, Preis: 14 Euro (D), ISBN: 978-3-9825566-6-6

Der Ichtel-Wichtel hilft der *exe Befana, die kein H sprechen kann, am 6. Januar die Weihnachtsgeschenke zu bringen.

Heidi Rauch | Michael Konitzer

Berlinese & Bavarese – Ein Briefroman, Teil 1 Teenager (1968–1977)

Die freche Berlinerin Linda, 11, und der schüchterne Münchner Max, 13, lernen sich 1968 am Gardasee kennen und beginnen eine Brieffreundschaft. Der erste Teil dieses Briefromans endet 1977, als Linda zum Studium nach München zieht. Teil II (1978 bis 1985) erscheint in der zweiten Jahreshälfte 2024.

Heidi Rauch | Michael Konitzer

Berlinese & Bavarese – Ein Briefroman, Teil 2 Twens (1978-1985)

Sie leben nun beide in München, schreiben sich aber weiterhin Briefe. Schließlich sind sie angehende Journalisten, die gern schreiben: Linda studiert an der Deutschen Journalistenschule und an der Uni, Max wird im Laufe der Jahre Chefredakteur der „Münchner Stadtzeitung". Als Linda im selben Verlag als Theaterkritikerin anfängt, spüren sie bald mehr als nur Freundschaft.

Ein kulinarisches Geschenkbuch

Heidi Rauch

Oliven – Eine Liebeserklärung an den Süden

2. Auflage 2023, Format: 11,5 x 19 cm, Hardcover, Umfang: 208 Seiten mit 70 farbigen Abbildungen , Preis: 24,90 Euro (D), E-Book 16,99 Euro
Print-ISBN: 978-3-0007-4392-4
E-Book-ISBN: 978-3-0007-4393-1

„Genießen und gesund bleiben. Heidi Rauch lässt uns auf unterhaltsame Weise teilhaben an ihrem reichen Wissen über die Olive und über die Herstellung von Olivenöl. Beim Lesen ihres bebilderten Buches wird man zum Experten und Genießer."

Edition Rauchzeichen • Heidi Rauch • Elisabeth-Baerlein-Str. 9 • D-81829 München • Tel. 0174/303 42 51 • pr@heidi-rauch.de • www.editionrauchzeichen.com

In jedem Buchhandel erhältlich.

edition rauch zeichen

Impressum

Herausgeber:
Edition Rauchzeichen
Elisabeth-Baerlein-Str. 9
D-81829 München
www.editionrauchzeichen.com

Redaktion:
Heidi Rauch, pr@heidi-rauch.de

Texte:
Heidi Rauch, Dr. Wolfgang Eckart, Michael Konitzer, Christine Paxmann

Cover:
www.publicgarden.de

Layout/Produktion:
Christine Paxmann, text-konzept-graphik, www.christinepaxmann.de

Druck und Verarbeitung:
www.booksfactory.de
Redaktionsschluss: 1. März 2024

Fotos:
Heidi Rauch, Dr. Wolfgang Eckart, Architekturbüros, privat. Sibylle Seidl-Cesare (Autorenfoto Heidi Rauch); Landesarchiv Berlin (Jutta Kämper); Christian Koch, SWR (Porträt Christine Hannemann); Roland Falk, www.nightphotos.de (Beginenhof-Nachtfoto).; Projekt Gleis21: Gleis 21, Hertha Hurnaus (3), Thomas Reibnegger (2) Illustrationen zum Artikel von Michael Konitzer von istockphoto.com: Karazbaev Ruslan, Maksim Yremenko, Sumle Illustrationen zur Kapitel-Trennung von istockphoto.com: ma_rishl, Oksana Latysheva (2), Olga Kurbatova, zubadal

ISBN: 978-3-9825566-2-8
Ebook-ISBN: 978-3-9825566-3-5

Liebe Leserin und lieber Leser,

sollte Ihnen dieses Buch Mut gemacht haben, würden wir uns freuen, wenn Sie es weiterempfehlen. Auch sind wir offen für Lob oder Kritik, Anregungen und Ergänzungen sowie Fehlerteufel-Hinweise. Wir beide mailen gern und freuen uns über Ihre Nachrichten an:
miteinander-autoren@editionrauchzeichen.com

Rechtlicher Hinweis
Geschützte Warennamen (Warenzeichen) wurden nicht extra kenntlich gemacht. Aus dem Fehlen eines solchen Hinweises kann also nicht geschlossen werden, dass es sich um einen freien Warennamen handelt.
Wir möchten ausdrücklich darauf hinweisen, dass dieses Buch nur von uns beiden Autoren finanziert worden ist. Wir haben keinerlei Zuwendungen, Werbekostenzuschüsse oder ähnliches von den genannten Personen oder Unternehmen erhalten.